尚生活

开始越野跑

曾尉杰（阿虎队长）著

迅速变身
时尚越野跑达人

健 康 体 验
全球运动
新潮流

当代中国出版社
Contemporary China Publishing House

图书在版编目(CIP)数据

开始越野跑 / 曾尉杰著. -- 北京 : 当代中国出版社, 2017.1

(尚生活)

ISBN 978-7-5154-0750-0

Ⅰ. ①开… Ⅱ. ①曾… Ⅲ. ①越野跑 Ⅳ. ①G822.4

中国版本图书馆 CIP 数据核字(2016)第 275246 号

版权合同登记号　图字：01-2016-6292

出 版 人　曹宏举
策划编辑　隋　聃
责任编辑　隋　聃
摄　　影　王宏海
插　　画　郭晋昂
责任校对　康　莹
封面设计　胡椒设计
内文设计　北京恒晟国际文化传播有限公司
出版发行　当代中国出版社
地　　址　北京市地安门西大街旗勇里 8 号
网　　址　http://www.ddzg.net　邮箱：ddzgcbs@sina.com
邮政编码　100009
编 辑 部　(010)66572264　66572154　66572132　66572180
市 场 部　(010)66572281 或 66572155/56/57/58/59 转
印　　刷　北京宝昌彩色印刷有限公司
开　　本　787 毫米×1092 毫米　1/16
印　　张　11.75 印张　插图 265 幅　144 千字
版　　次　2017 年 1 月第 1 版
印　　次　2017 年 1 月第 1 次印刷
定　　价　72.00 元

目录

1 越野知识篇 认识越野跑，享受挥汗山林的快感

2 越野环境篇

跑进山林间，体验多元地形

3 越野装备篇

选鞋、穿衣、挑背包，跑山装备不能少

4 体能技术篇 这样做，练出越野跑的实力

5 越野行动篇 开始越野跑，路线规划轻松学

名人推荐

从事铁人三项竞技运动，已迈向第十二年，然而对于户外越野的知识和技能，却是相当缺乏。

2015 年参与大陆山地户外挑战赛，才有机会跨领域接触这项多元环境与地形的运动。赛前大雪山特训，由阿虎队长亲自带队操作与传授越野的技术、丰富的登山经验及训练相关信息，让我奔驰在山径中时，还能体验原野之美。

很高兴见到阿虎队长将这十多年宝贵的越野登山经验，转换为文字，带领大家安全地一窥山林秘境。

李高伟

台湾地区超级铁人三连霸冠军

印象中，尉杰（阿虎队长）是个话不多的人，却有着许多丰富的户外活动经验：登山、攀岩、雪训、路跑、越野、山地自行车、独木舟、铁人三项、户外挑战赛……，能够擅长这么多项目的人不多，如今又写出一本越野跑的专门书籍更不容易！

本人参与户外活动多年，从一开始的惶恐，到后来的欲罢不能，让我更想推荐这本书，帮助读者一看就懂，一看就上手！

“仁者乐山，智者乐水”，说明喜欢山的人都很善良，要接近山，除了登山之外，首先要有越野的底子，本人因生长于丘陵环境，造就跑山如履平地，喜欢山林小径之美，更能体会人生之曲折离奇。这本书提供整套入门方法，真诚推荐。

孙吉山

台湾地区越野传奇、前铁人三项、户外挑战赛选手和阿虎队长结缘始于2009年在麻里巴狩猎季，三年后在海拔2220米的加里山巧遇。在此之前也只有跑跑宽敞林道，以及住家附近中级山的把握。在2013年越野跑还被视为马拉松跑者、三项铁人、甚至陆战队员身份的年代，阿虎队长丰富的山岳知识协助我估算脚程，终于顺利单攻跑上大霸尖山来回，从此打开了我跑向百岳大山的那道大门，重新认识了宝岛山林之美。

特别推荐本书，帮助大家享受奔向山径时，能减少摸索时间，获得安全快速穿越在山峦林间的乐趣。

陈延宗（小冈）

天津黄崖关万里长城马拉松亚军、环贡嘎山国际百公里越野赛台湾地区队长

很多人都参加过很多的路跑活动，也相信也有很多人没有参加过越野路跑活动。

很多人都知道怎么进行路跑训练，也相信也有很多人不知道越野路跑是一个可以用来当作路跑训练的方法。

越野路跑跳脱了安全、平稳、一成不变的环境，让你感受前所未有的冒险刺激及全方位的野外能力。

这是一本为越野路跑而写的书，也是入门越野跑者需要的书。

赖晓春

台湾地区百铁教父

随心，愿意去跑；
随身，可以去跑；
越野跑它绝对是一场美好的身心灵飨宴！

戴昌盛

小胡子冒险学校创办人

自序

发现一起伏、一转弯的山林新世界

当河滨的跑友开始往山上跑的时候，当Facebook上的跑步照片都是山径的时候，我知道越野跑的风潮正要开始热血燃烧。在2013年的时候，爬山十余年的我在一次机缘下结识了跑步十多年的小冈，他时常问我许多登山安全的问题，我则请教他如何精进跑步的方法，与其在网络上交流不如直接相约去越野跑山，于是开启了最初的越野跑活动，一方面可以运动，一方面可以交流许多观念，同时也开拓了我另外一种视野。近年来我更多次偕同小冈赴大陆北方地区参加长距离越野跑赛事，观察了两岸选手的差异性，也学习吸收不少的观念。

后来陆续邀约了许多运动领域的好朋友一起进入越野跑的世界，越野足迹踏遍台湾各处，从一日越野南湖、雪山、嘉明湖、奇莱主北、能高越岭古道、八通关日古道东段等路线，每次的越野活动都翔实地记录下来，自己也越跑越有兴趣，更进一步研究越野跑的装备以及技巧。而随着运动人口大幅增加，赛事如雨后春笋，也带动越野跑赛事的增加，越来越多人对于越野跑的世界感到好奇，但我也发现许多跑友在进入山林越野的时候，有时会因为观念的差异或是装备的不合适，造成些微风险。

身为一个有十多年经验的登山人，在进入越野跑的世界后，开拓了我不同于登山的视野，得以选择用更快速的方法亲近山林。

由于自己比大多数的跑友多了许多山野知识及安全观念，更能迅速进入状态，毕竟原始山林可不能跟河滨公园相比，每一个决策或是考量都会影响山野活动，尤其是从郊山越野中级到高山越野活动时，“完善的行程规划”、“齐全的越野装备”及“丰富的山野知识”是非常重要的，这也是我在越野跑了这几年后，非常想推广的一个观念，而恰好在这样的一个时机点，接触到了“本是文创”的叶大哥及胡姐，在他们积极的推动下，我才有这个机会写一本关于越野跑的书籍。

对于越野跑我想说的是，这是一个引人入胜又充满刺激、挑战的运动项目，我喜欢越野奔驰跑在高山棱在线，穿梭林间溪谷，每一个起伏、每一个转弯都是新的世界，也是无法预期的，唯有在你转身而过才知道下一个映入眼帘的景象。越野跑总是无可避免上坡地形，乳酸堆积造成双腿紧绷，心跳加速而上气不接下气，放弃的念头不时地从脑中闪过，当来到山顶看到辽阔的景色之后，先前的辛苦全部抛在脑后，享受自我超越后的快感，这就是越野跑的迷人所在！

期待本书的出版，可以帮助每个爱好跑步的人，不论是精英选手还是热血跑友，可以循序渐进接触越野跑的世界，让大家认识越野跑、开始越野跑！

1 越野知识篇

认识越野跑，享受挥汗山林的快感

喜爱跑步的你，在尝试过路跑后，是否想挑战更多变化的地形？台湾地区因地理环境特殊，拥有丰富的山岳步道资源，适合进行长短距离的越野跑活动，让人享受畅快跑步与每个弯道所带来的各式惊喜。

本章教你

- 越野跑与路跑有何不同？
- 越野跑的乐趣是什么？
- 越野跑的种类
- 台湾地区常见的越野跑赛事

什么是越野跑？

什么是越野跑？在山野怎么跑？这是大多数人初次参加越野跑时的一大疑惑吧！其实在我开始跑步之前，也不知道什么是越野跑？要怎么越野跑？……我想多数人的想法应该是："越野跑就是跑在山径上吧！"

若将越野跑用最广泛的概念来定义，就是跑在非柏油路面上，也是所谓的 Off-Road 路面，但越野跑也不单单是单纯的跑步而已，正确来说是结合了跑步运动及快速登山的一种延伸运动，因为运用跑步又轻又快的移动速度，却享受与登山一样的大自然壮阔美景、清新的空气，不再是单调的视野，也不需要负重累累地缓步行走，因为每一个过弯、每一个上坡越岭之后，映入眼帘的景致都是无法预期的惊喜，我想这才是越野跑最吸引人之处。

结合跑步与快速登山的延伸运动

起初我也只是简单的在喜欢的山径上，将越野跑列为我的

越野跑小学堂

所谓越野跑，就是在野外自然环境中进行的赛跑活动，每次路线都是依照当地的自然环境条件去设定与选择起点和终点，尽最大可能避开柏油路或公路（比例不超过20%），因此跑者所面对的会是大自然中多变化的地形，像是草地、石阶、陡坡、泥地，甚至需要穿越溪水河流等水域，与跑在柏油路上的公路赛大不相同。

运动训练课表之一，也会在准备一些特定运动比赛之前才会去特别训练，例如登高赛或是户外越野挑战赛之类的比赛。当我持续跑步运动一段时间后，在已经习惯河滨道路或是一些上下坡的柏油路面，且也具有一定跑步能力的时候，那个内心里的小小种子渐渐茁壮起来，一直有个声音在呼唤着我，就是在最喜欢的那段高山山径上尽情奔跑，也许就是老天爷听到了我的心声，很快地我就找到合适的伙伴去完成内心深处的小梦想，之后便持续开拓登山越野路线。

我喜欢越野跑，或者说是我喜欢在山林穿梭地奔跑着，享受着山风徐徐地吹拂，树枝芒草刷过身体的刺痛感，还能听见

↓ 越野跑＝跑步运动＋快速登山

爆裂的心跳声，比交响乐曲还要激昂的扑通扑通跳，而越野跑当然不单只有越野跑步而已，也不是将高山山径的跑步称为越野跑，在越野跑的世界里，可是有变化万千的运动形式。

越野跑的分类

越野跑在台湾地区应该算是很新兴的运动，随着近年来运动风潮崛起，从自行车、马拉松、铁人三项（这一两年来几乎每年都有 226 超级铁人赛，以及近十场的标准铁人三项赛）等热潮，进而延伸到越野的领域，如果从中文的“越野跑”字面上来看，就是指跑在山野路径上，但若依照英文的分类又可以分为 Cross Country Running、Mountain Marathon、Trail Running、

Orienteering、Vertical Running、Sky Running 等六大类型。

1 田径越野赛
Cross Country Running

所谓的 Cross Country Running（田径越野赛），在欧洲国家通常是安排在秋冬季节举行，可以作为选手的交替训练，在亚洲的日本、中国香港地区也都有举办过这一类的比赛，通常赛道都是以短草坡为主，甚至在高尔夫球场内也曾举办过，最著名的田径越野赛是 1876 年就举办的“英国国家越野锦标赛”（The National Cross Country Champion-ships），也是世界上最古老的越野赛，不过这一类的赛事在台湾地区还没有举办过，实在有点可惜。

↑ 田径越野赛的场地以短草坡为主，图为阳明山的草地地形，虽然适合越野跑，但台湾地区并未举行此类赛事。

2 山路马拉松越野赛
Mountain Marathon

Mountain Marathon 就是山路马拉松越野赛，这一类的比赛形式也比较常见，顾名思义就是在山路上的马拉松比赛，目前

↑属于台湾地区中央山脉的合欢山因地形独特，风景随地势变化万千，加上交通可及，每年 10 月举行的马拉松赛事，即在台 14 甲公路上的武岭进行，从海拔 1600 米一路跑向 3275 米的最高折返点，吸引不少跑友参加。

在台湾地区最著名的“合欢山越野马拉松”，虽名为越野马拉松，但也是全程跑在高山公路上，因其海拔高且坡度落差极大，对于选手的挑战性相对较高，所以来挑战的选手日益增加。

除了坡度陡是比赛的一大难点外，另一个常常影响比赛的因素就是气候状况，有时晴空万里，视野辽阔，跑起步来虽然痛苦但也心旷神怡；有时乌云密布，能见度五米，温度骤降，十分考验选手的意志力。然而痛苦的过程总是回忆较多，也许这就是高山马拉松的迷人之处，此外还有北部的“阳明山越野马拉松”、“雪霸超级越野马拉松”等著名赛事。

3 山径越野赛 Trail Running

Trail Running 山径越野赛，就是大家所熟知的越野跑，也是台湾地区最多见的越野赛模式。从短距离到长距离，甚至是100公里长的越野赛等，这样的赛事内容是目前台湾地区越野比赛活动中比较活跃的。短距离越野赛，例如“水返脚两栖越野赛”、“动感亚洲猫空越野挑战赛”、“碧山越野挑战赛”等，都是距离在20公里内的越野跑比赛，也是许多越野跑友评价极高的入门赛事。长距离山径越野赛比较代表性的是“七星登山王越野挑战赛”（阿虎队长也是第一届七星登山王越野赛路线设计师）、有AA50之称的“动感亚洲越野赛”系列的“石门水库越野挑战赛”，以及近来自助超马家族所举办的超马越野赛也广受好评，100公里越野赛最具代表性的就是TNF100系列的越野赛——台湾站，由户外品牌所赞助举办的巡回赛事，这也是台湾地区众多越野高手锁定的赛事。

4 定向越野赛 Orienteering

定向越野赛起源于北欧，场地可设在森林、郊外或大型公园，必须凭借地图、指南针及越野跑能力，找到地图标示的打卡点，最快完成者便是优胜。因为过去十余年的登山背景，开启了我地图定向的运动能力，接触了几次城市定向比赛后，相较优于一般人地图判定的能力，也让我在定向运动上有比较出色的表现，后来也触及定向越野比赛，就是将比赛地区拉到比较郊区的地方，例如阳明山森林公园之类的户外。

↑定向越野的国际标志

比赛开始时会发给选手一人一份该区域的地图，有点类似寻宝的概念，根据地图显示的记号点去寻找吻合的对应点，这类赛事一般采用渐进式的放行，可能每组每三十秒放行一名选手，选手自行携带指南针，辅以地图判断的能力，所以定向越野跑算是一种门槛极高的户外运动。

目前定向越野赛也是国际认可的体育竞赛项目，著名的赛事包括“世界定向越野锦标赛”、“亚洲定向越野锦标赛”。

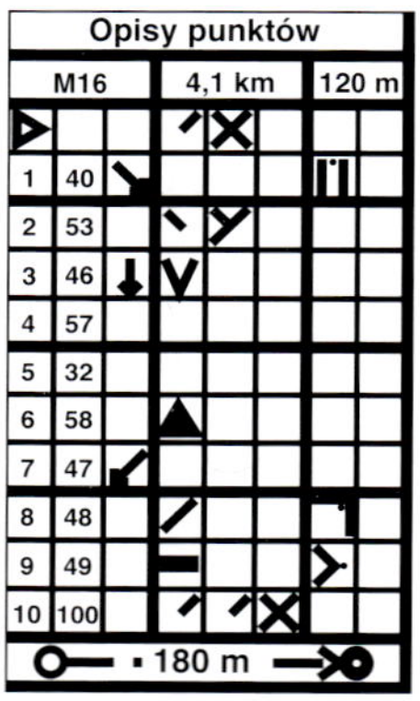

↑检查卡格式：数字是检查点的代号，旁边注明了每个检查点附近的环境。（图片来源：维基百科）

↑参加定向越野赛必须具备看地图及使用指南针的能力

5 登高赛 Vertical Running

说到登高赛，在台湾地区，大家普遍印象较深的，应该就是著名的“台北 101 登高赛”。而从广义的越野赛的定义来说，101 登高赛也是越野赛事的一种形式，其赛道就是大楼内的楼梯。

世界登高协会（Towerrunning World Association）也将国际

登高世界杯巡回赛列为其常备的赛事之一，由此可知大楼登高赛也是国际上的一种著名赛事。

除大楼登高赛外，比较出名的还有 Sky Running（天空跑）系列中的 VK（Vertical kilometer）级别登高赛。这一赛事的特点就是距离短、爬升海拔高，通常是在 5 公里内的距离，累计爬升达 1000 米，目前有台湾地区跑山兽举办过类似的越野登高赛事，像是雪山山脉中的武陵四秀当中，从武陵宾馆直接爬升到桃山这样的感觉，或是一些中级山爬升达到 1000 米，如北插天山、中台湾著名的谷关七雄，等等。

↑ 台北 101 大楼登高赛，楼高 508 米，91 层楼共 2046 阶。

6 高山越野赛 Sky Running

以山径越野赛来说，其中比较特别的就是高山越野赛，也就是所谓的高海拔越野。亦即在海拔超

> **越野跑小学堂**
>
> 国际越野跑协会（ITRA）将越野赛事以距离分类：42 公里以下为初级越野跑；42 ～ 69 公里为中级越野跑；70 ～ 99 公里为长距离越野跑；100 公里以上为极限越野跑。

过2000米高度的山径上举行的越野赛。这一类的赛事通常属于高难度的越野赛，全世界越野好手所熟知的“美国硬石100”就是高海拔越野赛事的代表之一，在亚洲大陆地区的“贡嘎山越野赛”、“四姑娘山越野赛”，马来西亚的“神山马拉松”都是著名赛事。在台湾地区则有一次史无前例的“嘉明湖高山越野赛”。

↑嘉明湖越野，综观台湾地区高山百岳，恰好嘉明湖这段山径，从向阳名树到嘉明湖畔，平均海拔约3200米，上下起伏不断，但路径明显，景色优美，高山越野难度极高，需要有相当的体能基础，以及对山野知识有所涉猎才行。

神山马拉松，选手必须跑到海拔4095米的神山顶，全场爬升超过1500米。

六种常见越野跑类型

登山 Mountain Hiking

山径越野赛 Trail Running

即结合了跑步运动及快速登山的一种延伸运动，也是最广泛定义的越野跑。

例动感亚洲越野挑战赛

田径越野赛 Cross Country Running

比赛场地通常是草地、林地、丘陵等松软路面。

例英国国家越野锦标赛

山路马拉松越野赛 Mountain Marathon

即在山路上举行的马拉松赛，沿途高低落差大、气候多变，考验跑者的应变力。

例合欢山越野马拉松

高山越野赛 Sky Running

在海拔 2000 米以上高山举行的高海拔越野赛，跑者需具备一定的体能、装备及知识，难度较高。

例嘉明湖高山越野赛

定向越野赛 Orienteering

比赛场地以森林、郊区、大型公园为主，没有规律的赛道，跑者需具备地图辨识能力，过程中充满竞逐的刺激感。

例亚洲定向越野锦标赛

登高赛 Vertical Running

通常是在摩天大楼举行的阶梯赛，也有在距离短且爬升海拔高的高山举行的登高赛。

例台北 101 大楼登高赛

跑步 Running

台湾地区越野跑现状

说起台湾地区越野跑步的风气，应该是受到这两三年来马拉松比赛暴增之后的效应，而马拉松比赛之所以盛行也是由于2009年起企业的无薪假风潮，导致许多上班族在平日被迫休假的情况下转向户外运动，所以当时带起了自行车热潮，从河滨自行车道蔓延到近郊山区的道路，增加了许多的运动人口，自行车热潮经过两三年后，慢慢转向路跑、马拉松的比赛，甚至于铁人三项等更具难度的比赛项目。其实在户外越野运动这块领域，早在2000年我开始户外运动之时，就有一部分小众的人及单位持续在推广，包括定向越野赛、越野山地自行车、山径越野赛跑、越野挑战赛，等等。

越野登山车赛结合跑步成为铁人两项

越野山地自行车赛，也是有别于公路车赛的一种自行车运动，主要竞赛车辆就是山地自行车，而路线通常会包含上下坡的柏油路以及越野路面，参加越野山地自行车赛除了要有强而有力的腿部肌力外，还要有操控自如的技巧，才能在蜿蜒的山径上穿梭自如，甚至拉开对手的距离。越野山地自行车最大的风险就是摔车，在窄小蜿蜒的山径要抢快，往往需要更大的勇气，因为风气不盛，后来的越野山地自行车赛都结合跑步的形态，成为铁人两项的越野挑战赛，后来也演化成公路车为主的铁人两项，也因此带动了越野跑的风气。

主题式的山径越野跑兴起

山径越野赛相较于其他形式的越野赛事来说，倒是每年都持续在举办。近年来，跑步热潮兴起，除传统中规中矩的马拉松比赛之外，多了许多主题性的路跑活动，像是英雄人物系列的路跑、泡泡路跑（The Color Run 在全台北中南造成轰动）、卡通人物为主题的路跑、女生路跑（像是近年超热门的 Nike Women's half marathon TPE，还有 Mizuno Lady's Running 都是女生路跑的指标赛事）等。我想越野跑也应被归类于一种特色的主题路跑活动，而且是具有一定难度的比赛项目，因为越野跑有别于在一般柏油路面上的竞速，多半的时间是在山林小径或是步道阶梯等路面跑动。山径四周绿意盎然、鸟语花香，不时享受森林芬多精，跑习惯操场或是河滨步道平路的人，或是长时间坐在办公室的上

班族，对于这种类型的路面及环境，会有许多新的期待跟挑战，所以入门的越野赛事也逐渐受到跑友们的青睐。

台湾地区风行的越野跑赛事

过去几年中，每年本来都有三五场固定的山径越野赛，在整个大环境的带动下，还有一些主办单位的持续支持，近两年几乎成了主流赛事项目之一。其中致力经营越野活动比赛的“ezFun 生活玩家”这个主办单位，有数年的越野赛活动举办经验，许多的越野跑友都是由进入这一系列的赛事起家，进而成为一个越野跑的爱好者，有些赛事已经成为该单位的经典赛事，例如“内湖碧山挑战赛”、“东进阳明山越野跑”、“四兽山山径越野跑”，等等。

另外一个专业的越野赛事主办单位就是“古尘流冒险工作室”所承办的一系列赛事，从越野跑友熟知的“荷兰古道越野赛”（这一比赛已走入历史了）到“草岭古道山径越野挑战赛”等，都是三位资深的户外越野挑战运动前辈所组成的公司在推动，因为他们有丰富的比赛经验及阅历，在许多比赛的规

划上，都会从选手的立场去做细节考量，尤其是在比赛路线上，更能设计出精彩绝伦的赛道，因此创造出许多经典的越野赛事。近年又有两个越野赛事的新兴单位崛起，且能紧紧抓住越野跑友的胃口，一个是小而美的“台湾跑山兽”，另外一个是网络兴起的“自助超马家族”。自助超马家族遍地开花，在台湾地区北中南皆有赛事活动，从自助马拉松比赛开始举行，衍生了超级马拉松，更将触角延伸到越野超马的项目，由北到南开拓了许多超高难度的越野路线。回顾最近十年的台湾本地越野环境，也许刚开始起步之际，市场反应未如现在火热，但是当初的赛事真的是经典中的经典，相信曾参加过的资深跑友势必津津乐道，可惜正当环境蓬勃发展的时候，阳明山管理处的一纸声明却又在许多越野跑友身上浇了一盆冷水。然

越野跑小学堂

阳明山管理处于 2015 年 7 月发文公告：“因越野路跑对于山径铺面冲击颇大，影响水土保持，且假日登山游客众多、步道路幅不足，竞速恐造成冲撞意外事件并影响其他游客安全，故本处不允许任何竞速相关竞赛于园区内山径或步道举行，为避免业者违规举办，本处亦将加强巡查，然根本解决之道仍是呼吁业者及大众共同爱护山林，勿违规举办山径越野竞赛，民众拒绝参加违规山径越野活动，以使后代子孙能拥有健全的山林。”这纸公文看似合理通顺，却一竿子打翻全船的人，我想这个议题势必会继续延烧，在没有一个完善的解决之际，位于阳明山区域的越野赛，如：荷兰古道越野赛及东进阳明山等可能会消失好一阵子。

而对于山林越野的跑友，经过大自然的洗礼后，看事情也会有许多不同的角度，希望未来山径越野能够持续蓬勃发展下去，期待更多的越野好手能走出中国，在国际的比赛中崭露头角。

↑台湾有超过百分之七十以上的山地丘陵，在三万六千平方千米的面积下，超过三千米的山头有两百多个，很明显的是一个山地形的地区，应该要好好利用本地的山林资源。

越野跑小学堂

国际越野跑协会（简称 ITRA，官网：www.i-tra.org）在 2015 年 3 月 ITRA 全球代表大会中对越野跑赛事以下列三个标准来定义难度。

1. 耐力系数（Endurance）：以距离及爬升高度衡量，换算系数来评定积；Endurance 值＝距离＋（总爬升 / 100）。
2. 山地等级（The Mountain level）：以赛道平均海拔高度和单段最大爬升高度衡量。
3. 完赛系数（The Finisher criteria）：在主办单位规定时间内完成赛事的选手比例。

使用这三个指标来更全面客观地评价越野跑赛事的难度，并形成新的 UTMB 赛事积分制度，将从 2017 年起采用新的积分制度。而 2016 年 UTMB 报名抽签将采取新旧积分并轨的形式，例如 UTMB 组现在抽签报名要求最多在三场赛事内取得 9 分，新的积分是最多三场赛事取得 15 分。

换算系数	旧积分	新积分
0-24	0	0
25-39	0	1
40-64	0	2
65-89	1	3
90-129	2	4
130-139	3	4
140-179	3	5
180-189	4	5
>190	4	6

具代表性的台湾地区的越野跑赛事

主办单位	官网	代表赛事	举办时间	赛事特点
ezFun 生活玩家	www.caiers.org.tw	四兽山山径越野挑战赛	每年春季 4～5 月举行	该单位越野赛事行之有年，其中以四兽山越野赛及碧山越野赛最具有挑战性，非常适合入门越野跑友尝试挑战。
		内湖碧山山径越野跑挑战赛	每年春季 4～5 月举行，已停办	
台湾跑山兽 Taiwan Beast Runners	www.taiwanbeastrunners.com	Hill Runner700	第一届始于 2015 年 4 月 11 日，相关赛事活动请见官网	由来自捷克的越野好手创立的跑团，并且举办了首届的越野登高挑战赛，赛事小而美，广受越野跑友好评，且积极陆续开发越野路线，值得越野跑友大力支持。
自助超马 Taiwan Ultra Runners	turpro.weebly.com	谷关越野	第一届始于 2015 年 7 月 25 日，相关赛事活动请见官网	由跑友组织聚成的自助超马，从公路赛延伸到越野赛，一年多来举办超过百场自助赛事，其中谷关越野难度极高，是中台湾地区的著名路线，且符合 ITRA 积分认证，是许多越野高手急欲挑战的赛事之一。
Action Asia Events	www.actionasiaevents.com	动感亚洲越野赛——台湾站	每年9月	在台湾地区行之有年的经典越野赛事，行遍猫空地区山径，是许多入门越野跑友中级挑战的一场赛事。
		台湾动感亚洲 50	每年11月	50 公里长距离越野赛事先驱，上上下下山径崎岖难度颇高，值得中级越野跑友挑战。

阿虎队长的越野跑笔记

令人难忘的复合式越野挑战赛

热爱户外越野运动多年的我，印象比较深刻的越野活动，无非是复合式越野挑战赛，结合了越野跑（包含了沙滩、山径、沿岸、河流等路面）、山地自行车越岭、攀岩垂降、独木舟划行、定向越野等五六种运动，有的赛事还有特别关卡。记得2003年参加过一次复合式越野挑战赛之后就上瘾了，之后陆续又参加了好几次。但可惜的是，在2006年之后，这一类的比赛已经不复见，后来因缘际会之下参加了几次国际赛事，依然回味无穷，如此就不得不提一下当年户外界普具盛名的“动感亚洲越野挑战赛”。

这项比赛在台湾地区举办过数次，其中有两次是以东北角的福隆海水浴场为比赛会场，清晨天未亮就准备开赛，别出心裁地以放烟花的方式取代鸣枪，大批选手从沙滩起跑后，先去旁边的小渔港跳港泳渡再拉绳网上岸，之后钻进小溪溯行一段路，回到自行车转换区，骑着越野山地自行车翻山越岭才又下到海边，这时候已经离开福隆来到贡寮。记得那个海滩叫金沙湾，沿着礁岩海岸跑进全台最大户外攀岩场——龙洞岩场，进行垂降及攀爬等项目，经过一连串竞赛后，还要从龙洞湾的码头划独木舟出海。独木舟这项运动对于台湾选手而言普遍并不熟悉，所以很多外地选手都在这关拉开距离，也看到许多台湾选手的船原地打转。

划独木舟回到放置山地自行车的金沙湾，再骑着山地自行车翻山越岭回到福隆。这趟翻山越岭可不是一直骑就可以，有时要推车，有时要扛车，在福隆还得游过双溪河和高空垂降等，最后才能回到终点。虽然短短的百来字描述这个比赛，但这样的一个过程就要经历五六个小时之久。

可惜的是后来不知道什么缘故，这一类的极限越野赛完全退出了台湾市场，最后一次参加这种类似的比赛大概就是“金门动感亚洲挑战赛”，还有“Land Rover G4越野挑战赛”，这是由汽车品牌所赞助的一场越野挑战赛，但好像也是一次之后就无疾而终，取而代之就是山地自行车越野赛及一些山径越野跑的中小型规模的比赛了。

尔后接触这类复合式越野挑战赛都是在台湾地区之外，其中包括大陆、马来西亚的热带雨林赛事，规模盛大，吸引许多国际职业队选手参与，路线长达60～70公里，甚至100公里。

阿虎队长前往大陆及马来西亚参加的户外越野挑战赛

2 越野环境篇

跑进山林间，

体验多元地形

越野跑最大的乐趣就是地形多变，像是树林茂密的林道、蜿蜒起伏的山径、平坦辽阔的草地，或是湿软泥巴地、湿漉河床、崎岖岩地……。不同地形都带来不一样的挑战，也考验跑者的应变能力及判断能力，比一般路跑更具变化性。

本章教你

- 运动伤害如何处理？
- 越野跑安全吗？
- 如何克服天气变化？
- 认识不同的越野地形

越野跑的地形分类

很多朋友问我，越野跑都跑什么路啊？都是山径吗？还是阶梯？然后又马上补上一句，我不喜欢阶梯……其实这样的说法对，也不对，因为这只是越野跑会遇到的其中两种地形而已。我认为如果用广义的说法来定义越野地形，那么就是 on road 及 off road 的两大类别，on road 就是指跑在一般道路上，而 off road 就是越野跑，可能遇到的地形就千奇百怪了。就这几年在台湾地区的越野比赛来说，如同前面所提，也是大多数人的印象：阶梯为主、登山步道为辅的地形居多，然而进一步针对越野地形做分类，目前台湾地区可能会遇到的地形，人工步道一定是最常见的一种地形，伴随着人工步道一定会出现的就是石头阶梯了。

但是越野跑迷人的地方之一，就是事情并不如跑友所想的这么简单，阶梯和步道虽是台湾地区越野的基本款，但路况也

地形1 → 石阶步道

- **特色**：全台最常见地形。
- **注意**：气候不佳时，或布满青苔的石阶都易打滑。
- **要诀**：专注每一次的踏点，闪躲易滑地面，选择易跑的石阶凹痕、干燥处、旁边的泥土地、石阶与石阶交接处。

不仅只是这样而已，其实台湾地区的地形地貌非常丰富，所以路况的选择性也十分多样，需要一步一步循序渐进来练习及适应。

这应该是全台山径越野之中最常遇到的路面，不论是森林公园级的山径或是地方特色的登山路线，也不管是登山山友或是越野跑友都会最常接触的地形。在台北最为知名的莫过于阳明山森林公园内的山径步道，多半是以石阶为主。这样的步道在路径上十分明确、宽敞，适合较多数的山友、跑友同时并行，但阳明山区的天气变化大，有时候因为太潮湿导致石阶湿滑，

↑ 阳明山森林公园内的石阶步道，应该是整个北部地区步道系统最发达的地区，步道错综而复杂但又四通八达，串联起东西两端绵延逾 40 公里。

行走起来容易滑倒，所以不论是步行或是跑步，都要十分留意每一步的下脚。特别是跑友遇到这样的路面，天气晴朗干燥时，这就是康庄大道、像高速公路般的路径，但是遇到潮湿的天气，就要考验跑友的技术了，打滑是难免的，如何面对这样湿滑的石阶还能保持一定速度前进，在比赛中就高下立见。

给大家一些建议：遇到这一类的石阶步道，跑的时候一定要十分专注在每一次下脚踩踏的点，首先要避开湿滑的青苔，还有大面积平滑的石面，这两种是众所周知易于滑倒的地形。学会闪躲之后，还要懂得选择易跑的踩脚点，专注的目的就是要选择不易打滑的地面，包括石阶上的凹痕、干燥处、旁边的泥土地、石阶与石阶交接处等都可以避免打滑，而专注的程度要跟下棋一样，预先看好两三步的下脚点，可以增加前进的速度，还可以在万一打滑时，能迅速往前踩踏，稳住身体。

地形2 → 泥土山径

- **特色：** 属于传统的越野路面，泥土地易跑但不平坦，且林道路径错综复杂。
- **注意：** 1. 崎岖路面易受伤。2. 在山径中迷失方向。
- **要诀：** 1. 遇到杂草丛生的山径需留意每一步踏点。
  2. 注意路标及指示牌方向。

除了石阶步道之外，最传统的越野路面应该就属泥土山径，也是许多跑友觉得有趣、好玩的路面，因为当跑习惯平坦马路或是河滨步道等路线之后，初次转到越野山径，就像是发现新世界的探险家一般，充满惊喜又有点惧怕。

这一类的山径是接触越野赛最常见到的路面，看似简单的泥土山径，其中也充满了许多不确定性，所以才会让人又惊喜又害怕，喜的是钻过这个芒草堆、翻过一个山头又是另外一番新景象，每个转折都有令人期待的一幕，怕的是崎岖的路面导致受伤而退，或是钻来钻去之后迷失方向。

这类山径确实是有别于人工化的步道，路上除了一些相关管理部门架设的指示牌外，就是山友所留的路标指引，或是小小的方向指示牌。对于没有什么路感的人，跑在这样放眼望去都是绿色的森林里很容易迷失方向。再者，泥土山径并非一定平顺好跑，在杂草遮掩之下的土路，往往隐藏着一些危险性，例如会有凹洞、倒木、石头突起、藤蔓绊脚等，就是这些不确定性，让越野跑者必须去克服，才能享受大自然的越野乡宴。

↑在原始林相之中的山径越野，跨越倒木也是一项技巧，需要勇气和胆识，还要眼、手、脚的结合，才能流畅地做出跨越的动作，当然这样的动作也是需要反复训练才会熟悉。

地形3 → 草地

- 特色：台湾目前的草地多被开发出石阶步道，辽阔草原不多见。
- 注意：留意踏点是否平稳、避免踩进洼洞。
- 要诀：只要留心下脚处，相对简单易跑。

一望无际、辽阔的草地地形，其实不太有机会遇到，不过这一类的地形却在阳明山森林公园占有一定的比例，但是纯粹的草地都不会分布在步道上，而是在步道两侧，或是隐藏山径的附近。阳明山森林公园中比较大片的草地就是擎天岗草原、北五指山草原，另外北部还有一个著名的草地地形就是草岭古道，不过草岭古道跟多数的草原地形一样，几乎都被开发了一条石阶步道（有时候想想就是硬生生地在草地上划上一道伤痕，究竟是基于环境保护，还是生态保护的概念，在这边就不多加讨论了）。

↑阳明山擎天岗草原，是北部著名的草原地形，不过因为森林公园的维护及开发，所以草原上建构石头步道。真的要体验草原地形就要从旁边才能跑在真的草原上，草原附近也有许多原野秘境的登山小径，是许多登山客时常健步的路线，保有原始的风味，值得一访。

一个优秀的越野跑者就是面对地形，来什么地形就想什么方式解决，这样的草地其实是相对简单可应付的，只要留心下脚点是否平稳，并注意草地里的小洼洞。

地形4 → 沙地

- **特色：** 台湾地区沿海常出现沙滩地形，地质松软。
- **注意：** 因地质松软，下脚后易陷入沙堆，提脚费力。
- **要诀：** 适合作为小腿肌群的肌力训练场地。

在台湾地区有广大沙地的地形其实不多，下方照片中的沙地是我去大陆祁连山附近参加越野赛的其中一景，而台湾虽也偶尔出现沙地，却未必能成为越野路线。另外一个常见沙地就是沙滩地形，台湾岛四面环海有沙滩、礁岩等地形，都是越野跑的适合地点。沿海地区多数都有机会遇到沙滩，例如北部的北海岸、福隆一带、西部沿海等。

↑沙地训练，因为地面属于较软的沙地，所以每次的落脚后，都会再陷入沙里，造成腿部施力的负担，特别是小腿肌的部分，所以选择较软的地面来做训练，如沙滩地，可针对小腿肌群做重点强化，小腿肌力增强，对于跑步的推蹬会更有效率。

面对沙地或是沙滩，看似轻松易跑，然而沙滩地质松软，下脚后会微微陷入沙中，提起脚的时候又更费力，所以面对沙滩地会比一般越野土路更加吃力，尤其经过了一定的距离之后，特别是小腿肌群会感到吃力，因此沙滩地可以作为一个有效的肌力训练场地。

地形5 → 越野跑溪

- **特色：** 沿着河床两侧前进，地势多变化。
- **注意：** 溪水滚滚易滑倒受伤，河床石头多不稳固，须留意下脚处。
- **要诀：** 1. 可穿着溯溪鞋在岩石间穿梭。
  2. 横渡河床，双手张开维持平稳。

登山界的说法，沿着登山步道往山顶走去叫作“登山”，沿着登山步道往山顶跑去被叫作“跑山”或是“越野跑山”，沿着溪往上游走叫作“溯溪”，那沿着溪往上游跑去，就叫作“跑溪”。越野跑溪，也是越野路况的其中一种，只是带着专业装备溯溪就有一定的难度，更何况穿越野鞋就去跑溪、跑河床。我过去有几次跑溪的经验，不过多是在比赛的过程中，也因为是比赛，所以路线上比较入门简单一些，有些地方也都是可以跑在河床上。

↑ 越野溯溪的过程中，横渡河床是经常的事情，面对横渡河床必须面向上游，一步一步横向移动，并且观察河面水流较为缓慢的区域通过，而鞋子全湿是无法避免的，身为越野跑者要尽快适应穿全湿的跑鞋快速移动。

面对河床地形，多数人会感到战战兢兢，因为溪水滚滚，大家都怕滑倒或是水深等问题，如果经验不足的人遇到这种地形的时候，确实速度会下降很多。就我过去的经验，如果是穿溯溪鞋，也就是所谓的防滑鞋，我就会在石头上跳来跳去，这一类的防滑鞋鞋底是不织布构成，防滑性极高，一定要相信鞋子，才能如鱼得水在溪床上迅速移动。而越野比赛中遇到河床地形，例如过溪或是向上溯行，不论穿着哪一个品牌的越野鞋，我都建议不要害怕鞋子湿，一定要直接踩下溪里，唯有踩到水底地面才能保持平衡，预防打滑，双手张开维持平稳，以确保滑倒时手可以随时扶着两旁的石头，这种方式可以加速通过河床地形，确保平安。

地形6 → 拉绳区地形

- 特色：在高落差的山径路线架设安全绳索，属于台湾的常见地形。
- 注意：攀爬高落差地形需娴熟技巧并克服高度恐惧的心理障碍。
- 要诀：平稳心情并运用攀岩技巧缓慢移动。

拉绳区地形在山径越野当中，也是非常容易遇到的路况。因为台湾地区属于山高水深的幼年期地形，不论是高山还是郊山都常见高低落差极大的地形，而在热门的山径路线就会架上安全绳索提供山友、跑友使用，构成拉绳区地形。

初次面对这样高落差的拉绳地形，不论是往上爬还是往下爬，都会造成很大的心理恐惧，这不是快慢的问题，而是心理问题。很多人都会说自己有恐高症所以不敢爬，但是慢慢往上爬也是可以缓缓上去，恐惧常常发生在往下走的时候，正所谓“上山容易下山难”，这时候只能先稳定心情，双手拉紧绳子，但不要把身体的重心完全放在绳子上，将自己想象成攀岩者的模式，三点不动一点动（即身体的一只手、两只脚，或是两只手、一只脚三个点组成一个三角形，由空出来的一只手或脚往前移动），且重心贴近岩壁，缓慢移动身体。这种地形比较特别，不像是山径或是石头阶梯以脚力为主，落差拉绳区地形唯有不断反复地练习才会比较适应，只是有谁会特别去拉绳区练习？所以在野外遇到高落差的拉绳区一定要小心谨慎，千万不可大意。

↑面对拉绳区，千万不可心急，通常有架绳子那就表示草丛的另外一面可能是个峭壁或是悬崖。

地形7 → 大峭壁地形

- **特色：** 常出现在高海拔山区的棱线两侧，地形危险，可能有大量的碎石坡。
- **注意：** 避免坠落摔伤。
- **要诀：** 1. 冷静观察可行的路径走向。
  2. 将重心靠往山壁的一侧，双手张开维持平衡感。

张开双手保持平衡动作，重心可以靠近山壁这一侧，若担心不稳可以将内侧手轻放在石头或山壁上，作为一个平衡的依靠。

通常这种地形，比较多是在较高海拔的山区才会看到，大峭壁多分布在棱线的两侧，所以在登山的过程中，常常在上到棱线之前，最有机会遇到崩塌地形。遇到峭壁不用太过紧张或担心，这时候先冷静观察一下路迹的走向，还是会隐约看出一条微微的路径，通过峭壁的方式就是将重心靠往山壁的一侧，每次一个人通过，将双手张开维持平稳，如果会害怕的话，可以把手微微地靠在峭壁上，快速通过即可。

地形8 → 林道地形

- 特色：台湾地区的林道拜早期林业开发之赐，常见水泥或泥土地面，路面宽广。
- 注意：泥土地面除较崎岖之外，大致上算好跑。
- 要诀：适合作为越野跑的训练场地。

台湾地区早年是林业十分发达的区域，林道发达一直延续至今，有些林道维持得不错，有些林道没有发展性就步入历史，

↑泥土地面的林道，在台湾地区的山林之中也占有相当大的比例，泥土林道实则就如同泥土山径一般，甚至比泥土山径还要容易一些，我过去参加过日本的越野100KM比赛就是在林道上所举办的。

而林道的类型大概就是水泥地面及泥土地面，共通点就是有四轮传动的汽车都能够轻易到达。现在还有保持不错的林道，例如郡大林道、丹大林道、中平林道等，其长度也不过是当年林业发达时距离的一半甚至更短，但数十公里的距离拿来作为越野跑的训练场地也绰绰有余。

克服越野跑的天气因素

相信只要在台湾地区生活过一年以上的人，对于这里的天气变化应该有很深的感触，因为可能会很热很热但是不会热死你，可能会很冷很冷却不会冷死你，这也是台湾地区四季变化的一种特色。夏天有台风、冬天有寒流，时不时还有特大暴雨警报之类的，这些对于喜爱户外运动的人来说，都是一大考验。

至于越野跑的活动，如果是参加比赛，主办单位都会以天气预报作为依据。相信有长期比赛经验的选手都有遇过雨天比赛的情况，除非是台风来袭或是暴雨成灾，不然在一般的气候变化下，比赛很难会因为天气因素而延期。若是自己约团的越野跑训练，对于天气好坏的要求就会比较高，毕竟很少人会那么有斗志地在下雨天出去跑山吧！

善用气象软件看预报

从事户外活动数十年的我也常常遇到活动出发前，持续下雨的天气，这时候常常就会士气低迷，究竟是要按照计划进行还是延期择日再战，往往就在决定延期之后，当周又转成晴天模式，令人扼腕！

所以身为一个户外活动的爱好者一定要安装气象 APP，随时用手机就可以观察天气雷达回波图，计算机里也一定要把有关气象当局的服务信息设定为“我的最爱”，以便在每次活动之前先观察一下未来几天的天气变化。

防水措施不可少

而在装备和衣着的准备上也会跟晴天的时候有所不同，最重要的一点就是要做好防水工作，特别是在人手一机的情况下，手机最害怕进水，防水的方式除了使用防水袋之外，最好要做双层防水，例如在防水袋外面再套一层封口袋，另外一个害怕湿掉的就是钱包，钱包内多半是现金和信用卡等，虽说现金湿掉还是可以弄干，但是湿湿的总是很麻烦，防水的方式一样是用双层（防水袋+封口袋），只是大家总是容易忽略了钱包也需要防水。

↑手机、相机等电子产品先用防水袋包妥，外层再加一层如照片所示的夹链袋（封口袋），多一层防水保护。

↑有时越野跑会遇到崎岖不平的地形，再加上山区气候变化难测，更增加挑战性，也突显万全准备的重要。

轻便雨衣是应急好帮手

在穿着方面，因为天气湿冷的情况下，除了建议以长袖服装为主之外，我想多数的运动选手不论是职业级或是业余者，都一定会有长袖及短袖的运动服装，通常也不只有一套，因此要随着天气状况来选择自己适合的运动服装。本身怕热的人可以短袖加上袖套，配上长压缩裤，怕冷的人可以直接选择长压缩衣和长压缩裤，另外头部保暖也很重要，戴上一条头巾可以保暖，也可以防止汗水滑落到眼睛里。当然风衣外套是不可或

↑除了长袖衣物及头巾等保暖措施，随身携带轻便雨衣，以应付突然遇到的湿冷天气。

缺的装备，特别是在长距离的训练或是比赛中，可以利用风衣外套隔绝外部的风直接侵袭身体，维持身体内部的中心体温，我个人还会特别准备一件轻便雨衣，以防真的太湿冷的情况下，可以多套一层防风防水的装备，而且轻便雨衣也方便购买（几乎每间便利商店都买得到），加上折叠方便，容易塞进背包内携带，价格又便宜，真的是户外运动应急的好装备。

越野跑的安全性

关于越野跑的问题，最多人常问：要不要穿越野鞋？要不要背越野包……。另外一个最常被问的问题就是，跑越野很危险耶！这条路线安不安全？我不知道路怎么走？……

对于安全性的问题，我总是困惑了好一阵子，因为说危险好像也没有太危险，说安全好像也没有太安全，而我本身有登山的背景，所以习惯在山径走动，对于山野有一定程度的认知，因了解而感到安心，多数的跑友之所以会担心、会有不安全感就是对于山野的认识稍微不足。

登山会有山难事件，骑自行车会有车祸事故，从事每一种户外活动本来就会有一定的风险，这样所谓的风险应该是相较于在操场跑步或是在河滨跑步而言，即便是操场有 PU 的跑道、平坦的地面，也是有可能一个不小心扭伤脚踝，或是脚打结而扑倒擦伤，风险是时时刻刻都有可能发生的，而我们要学习的是，如何面对风险、如何降低风险，才是更积极正面的作为。

风险①：迷路

不论是比赛还是自己约跑团练，多多少少都会遇到迷路的情况，重点是迷路了该怎么办？还有就是如何判断自己迷路了？最怕的情况就是已经迷路了却不自知，而这样的情况会更危险。

不论是越野跑或是登山健步，只要来到山区山径就一定要时时留心注意方向，而不是低着头一直走、一直走，要记得看看前面的路况，也要不时回头看看后面的路况。回头看路是因为当你返程的时候就会看到这样的景色或路况，且要留意路边的登山路标、路牌、倒木或是大石头，在山上可没有像大马路口一样的路牌，有清楚的路名让你指认，在一片绿绿的树林当中，大石头和倒木是比较明显的地标，走到岔路口一定要停下来观察一下，目前的登山人口颇多，都会有登山社团在重要路口设置“小小的”方向指示牌，有带相机（或是使用手机的照相功能）的人可以拍下岔路口的相对位置，这些小动作都可以确保你万一迷路的时候，可以找到走回正确山径的依据。

↑某些山径的重要路口，会有登山社团所设置的指示牌，供山友及跑友辨识。

此外在每次行程出发前，先上网做功课，在网络信息发达的时代，大家都乐于分享信息，所以要上网寻找这次行程的相关资料或是照片，先浏览会经过的一些重要地点（或是地标），例如凉亭、指示牌、小木桥、岔路口等诸如此类的明显地点，可对行程有初步的了解，甚至利用 GPS 去下载坐标或是航线图，可以多一成的安全保障。

就实践上来说，一开始发生迷路，或是失去路径的时候，第一个动作就是先停下脚步，若有队友一起，就先与队友讨论先前行走的路基路径，若是讨论不出结论，则按原路退回到可以明确知道自己位置的路径上，像是明显山径、指示牌、登山路标，若只是简单地失去路径走岔了，要记住先派一人做先锋去寻找原来的正确山径，一人留在原地等待并确认先锋人员走回正确的路线，而且两人的距离必须维持在能大声呼喊也听得到的距离，这种做法，可以保证先锋人员万一无法找到正确的路线时，可以听声辨位退回到原来的迷路点，再一起循原路退回到确定的路径。

若真的不幸在山径中迷路，一定要冷静，因为已经确定自己迷路了，就表示没有能力找到正确的山径，这时候一定要先检查身上的装备，然后想办法对外求援，切勿莽撞地乱走试图想要找到正确的路线，以目前的搜救制度会把握黄金救援 72 小时，被搜救者也要努力维持生命度过孤立无援的两晚，只要能撑过第一晚，被搜救的机会就会大增。

风险②：失温

在野外只要温度够低、能量散失的机制够强、暴露的时间够久，每一个人都有可能成为失温的受害者。通常失温多半发生在高山百岳的危险状态，在高山上由于高度所造成的低温，加上风寒效应及潮湿，寒冷可能是加害登山者或越野跑者的一个重要因素，失温必须从预防着手，早期察觉，并迅速适当地处置。

在日常生活中，我们每日正常的三餐即可提供一天所需的能量，但在登山或是越野跑山这种长续性而耗氧的运动中，就

越野跑小学堂

发生迷路，第一步就是停下脚步，确认位置后再寻找路径，切勿慌张向前急行，反而更偏离原路径。

会明显不足。血液中直接用作能源的葡萄糖很快耗尽，而肝糖又来不及释放，我们就会发生头晕无力，严重点还会狂冒冷汗等低血糖症状，除了走不动，也增加了失温的危险。

要如何避免失温，从简单的做法开始，可以区分为内在及外在因素，外在因素来说，面对低温环境，要防止体温的散失，可从衣物上着手，采用洋葱式三层穿法，最内层的排汗衣，可以将汗水导出，减少热传导，维持身体温度；中层保暖，在

防止失温的方法

运动过程中也许无法全时段穿着保暖衣物，但只要休息时间就应该做好保暖工作，而保暖衣物通常多为刷毛外套或是羽绒外套等；外层防风，最外层就是大家所熟知的防水透气外套，如Gore-Tex外套，可以隔绝强风及水气，避免内层衣物因为潮湿而失去保暖效果。此外在越野跑的装备中已有提到求生毯这种物品，求生毯体积小又轻薄，功能性强，主要就是利用反射红外线的原理来保温，当摊开锡箔制的求生毯包围住身体，可以避免大量散失体温。

在山野活动不论是登山健步或是越野跑山，一个基本的观念就是要时时补充能量，在行进期间嘴里含颗糖果、巧克力，或吃几块饼干以及补充水分，即所谓的内在因素，如此一来才能维持在长时间运动下本身的能量，因为当体能下降的时候，内外在的环境因素都会对自己不利。

风险③：坠落

在越野跑环境中，也会有坠落发生的可能性。就目前越野实践上遇到的坠落来说，通常是踩空滑倒、山径崎岖导致扭伤、跌倒等情况，如果遇到这类问题，首先要判断坠落人员的状况，若能自行爬起，记得要检查身体无恙，是否有扭伤、撞伤头部或其他部位，做好基本检查后才能继续前进，以免造成二次摔伤事故。若是严重坠落，则必须按照登山安全事故的救难机制来处理，首先分配人力支援，观察环境地形，了解坠落者的受伤状况并且记录，对外求援等。

风险④：蚊虫叮咬

其实在多数的越野活动当中，遇到蚊虫的机会，会随着海拔高度上升而减少。依我的经验，在高山百岳越野跑的时候，也许是因为海拔高，所以蚊虫并不多，但是来到中级山区或是城市近郊，虽未实际被蚊虫叮咬，确实常遇到许多不知名小虫的袭击，特别是蜘蛛网最常遇到，尤其是走在前方的第一个人，常常要对抗的就是蜘蛛网。另外就是夏季最常见的小黑蚊，在越野跑的过程中，时不时会不小心跑进口鼻，造成呼吸不畅或是跑步分心而跌倒。

解决的方法很简单，就是在医药包多准备一支防治蚊虫叮咬的软膏或是驱蚊虫的药膏，可以做一个简单的擦拭处理。

> **越野小学堂**
>
> 发生坠落事故时，切记不可所有队员前往坠落现场，领队要将现有人力做最有效的分配，必须有人在安全且易于对外求援处；留守人员应与前往救援者保持联系，避免救援者也受困。若经过评估并无自救能力，即应放弃接近伤员，直接拨打110对外求援。

风险⑤：运动伤害

如果很不幸在户外运动过程中受伤，第一件事情就是先停止运动，往往有很多人在比赛或是运动过程中，明知道已经受伤，却不顾伤势持续运动下去，运动精神固然可嘉，但这也许会造成更严重的伤害。

常见的越野运动伤害不外乎扭伤、拉伤、撞伤或挫伤，受伤之后的最佳处理方式就是去看专科医生或是请专业人士帮忙评估，看是否有造成韧带断裂或是肌肉组织破坏的伤害，避免自行处理而延误病情。

另外针对这些运动伤害的维护，在经过专业人士的评估建议后，除了休息之外，还可以采用“POLICE”处理法，在家做自我恢复的工作，所谓 POLICE 就是：保护（Protection）、适量复健（Optimal Loading）、冰敷（Ice）、压迫（Compression）、抬高（Elevation）的字首组成。保护就是休息的一环，再辅以适量的复健来强化患部，而前提是做完冰敷、压迫、抬高三步骤之后，确认受伤部位得到了基本的处理，待 24 到 48 小时后再改用热敷。若患部在 24 小时后持续肿胀、疼痛加剧，则必须再回到医院做进一步检查与治疗。

↑越野跑因为地形多变，如遇碎石、陡坡、潮湿路面、苔藓岩地等易滑路面，稍有不慎容易受伤，跑者应具备正确急救知识才能减低意外伤害。

POLICE 处理法则

冰敷 Ice

让受伤部位止血、消肿，每次冰敷约 15～20 分钟，再斟酌调整是否持续冰敷

压迫 Compression

冰敷后在患部施压包扎，以阻止继续出血且可消肿

抬高 Elevation

将伤处抬高，高于心脏的水平位置，缓和出血及减少肿胀

保护 Protection

采取避免运动伤害的策略，例如：行动不便时使用拐杖

适量复健 Optimal Loading

可帮助恢复肌力与胶原组织形态，避免长期休息造成伤处萎缩

阿虎队长小提醒

冰敷的功能在于降温、使血管收缩、代谢率降低，借此达到减轻疼痛以及抑制肿胀发炎的效果。相反地，热敷会使体温升高、血管放松、代谢速率增加，并且促进局部循环，可以有效提升组织自愈能力，及放松紧绷的肌肉。

因此，当急性运动伤害发生时，受伤初期先以冰敷来抑制出血及发炎的情形。当肿胀的情形已经减缓或停止，这时就可以开始进行热敷，可促进血液循环、组织代谢，让患部加速复原。

越野跑的山野伦理

从登山伦理到越野礼节，这是有异曲同工之意，同样是进入户外大自然，而我本身就是一个登山人，过去从事户外登山运动长达 15 年之久，对于台湾地区的山林情有独钟，除了山水景色万千，令人心旷神怡，四季变化、鸟语花香，每每进入山林总能释放出身心的压力与束缚，这是接触山林的初衷；也因为想更了解山林而去学习山野知识，大自然往往就是我们最好的老师，懂得保护自然环境，才衍生出许多登山伦理，我想越野活动也是一样的道理。

越野礼节

经常在山林步道中活动，就会发现不单有登山的人，还有许多运动的人，人人都平等，不论是登山人或是运动人，共同享受山林的美好，而当人与人相遇的时候最基本的礼节就

森林游乐区生态旅游游客守则：

（一）请带着尊重自然的心，来鉴赏园区内动物、植物、地质、地形与气象等自然生态之美。

（二）请珍惜自然资源，随手做环保，垃圾减量及分类，回收资源，留给园区清爽的环境。

（三）徒步健行与骑自行车旅行最有益健康，亦可充分享受大自然。

（四）顺着步道前行，避免破坏污染溪床、湿地与地形脆弱的环境。

（五）森林游乐区内不欢迎流动摊贩，也请您勿任意购买。

（六）请用欣赏、体验与观察代替采集、破坏、刻字、污染及捕猎。

（七）进入园区内请尽量使用环保餐具，或携带可重复使用的容器。

（八）在自然的环境中，宜着与自然环境相调和的衣裤、宽缘帽、运动鞋或登山鞋，并随时预防蛇、蜂与蚊虫叮咬。

（九）在大自环境中，携带或引入外来的动植物，将带来生态的干扰与破坏。

（十）谨慎安静的旅行，避免干扰野生动物的生息。

（十一）请学习并尊重小区的生活与文化。

（十二）除了摄影，什么也不取；除了回忆，什么也不留。

要遵守：

1. 迎面遇到山友，打声招呼，视路况环境礼让先行。

2. 从后方赶上时，要提前发出声音，提醒前方先行的人有个心理准备。

3. 有关部门有规范十二条森林游乐区生态旅游游客守则（见前页），不仅是进入森林游乐区才要遵守，当进入山林就必须共同遵照此规范。

无痕山林运动（LNT）

无痕山林运动是源自于美国的无痕旅游（Leave No Trace）的概念，至 1980 年起由美国政府的相关单位、有关环境教育团体及学者、各界环保团体、户外用品制造商、登山健步团体等

等相关单位共同发起这项全国性教育推广运动——Leave No Trace（LNT），教导民众对待自然环境的正确观念与技巧，协助将旅游活动对大自然的破坏降到最低。

而台湾地区相关单位自2001年起推动步道系统建置计划，在推动山林运动之余，也透过环境教育及登山观念的深化，减少山林冲击，一如过去大家所熟知的口号：“除了摄影什么都不取”、“除了足迹什么都不留”，2006年举办的步道环境优化研讨会中，正式定名“无痕山林运动”，同年发表《无痕山林宣言》。虽然无痕山林运动推动至今仅十余年，还有很长的路要走，但这样LNT的观念透过学界、岳界各方的参与及努力，逐渐深植每个户外爱好者的内心。

无痕山林的准则

身为一个户外越野玩家或是冒险登山家，都必须有无痕山林的观念，主要是提醒我们在面对山林环境时，应该要有的责任及对环境的关怀，以尽可能的方式来减少对环境造成的破坏，而达到亲近山林的目标，因此有关部门整合归纳出七大准则。

（一）事前充分的规划与准备 Plan Ahead and Prepare

（二）在可承受地点行走宿营 Travel and Camp on Durable Surfaces

（三）适当处理垃圾维护环境 Dispose of Waste Properly

（四）保持环境原有的风貌 Leave What You Find

（五）减低用火对环境的冲击 Minimize Use and Impact from Fires

（六）尊重野生动植物 Respect Wildlife

（七）考量其他的使用者 Be Considerate of Other Visitors

3 越野装备篇

选鞋、穿衣、挑背包，

跑山装备不能少

越野跑的环境跟一般路跑不同，因为大自然的地形及气候多变，所需装备也相对较多，甚至部分与登山装备相同，在设计上也讲求轻量、专业、实用。

本章教你

- 认识越野跑的基本装备有哪些
- 越野鞋和一般运动鞋有何不同？
- 越野背包的特色
- 半日轻越野该怎么准备？
- 一日长越野该怎么准备？

Vibram
HK
100
Buff

MERRELL

认识越野跑的基本装备

工欲善其事，必先利其器，开始越野跑需要准备哪些装备？这是我最常被问到的问题，“需要穿越野鞋吗？”“一定要带水袋越野背包？”“要带多少的水？”……，确实，越野跑跟一般路跑赛有很大的不同，我会依照个人所需要的行程或是越野活动性质，例如比赛或团练而有所调配，但是必备的越野装备及安全装备则不可忽略。

身为一名职业的越野人，拥有一大堆装备是很正常的现象，就像玩单反相机的人，防潮箱内总是有缺少一个镜头的感觉，热爱跑马拉松的人永远都缺少一双跑鞋一样，那么钟情越野的人究竟需要哪些装备呢？越野背包、越野鞋还是风衣外套？

我根据过去越野跑山的经验，罗列了数十样每次都会跟我出勤的装备来跟大家分享，这些装备又分为必要装备和选配装备，而拥有下列装备是进入越野界很基本的条件，以便针对不同性质的越野活动做好装备携带的规划。

越野鞋

越野跑顾名思义就是跑在非平整的道路上，所以越野跑鞋就是入门的第一个必要装备，选择抓地力强、耐磨的越野专业鞋，也是我觉得有别于一般跑步的最大差异点。

目前各种户外品牌所推出的运动鞋款琳琅满目，最基本的就是挑选越野鞋款，越野款的鞋子会针对鞋底及鞋身的包覆性和强度做一定的加强，鞋面具有防水透气的效果，以应付长时间的奔跑过程，不致于脚掌潮湿或是由于冰冷导致体能流失。其次可以再根据路线性质以及个人脚掌的宽窄来选择轻薄赤足款或是登山健步款的越野跑鞋，这两者之间最大的差别在于鞋底的纹路、硬度、厚度，还有鞋面的包覆性，鞋子的选择没有最好，只有最适合的，在买鞋前一定要多试穿、多比较。

即使是越野鞋也是有区分不同性质的，有的会针对足弓（脚掌）及足后跟做加强，特别是百公里的越野赛，因为到了后半段赛事，需要稳定性佳的鞋款，才能支撑已经疲劳的足部肌群，避免选手在太劳累的情况下意外扭伤脚踝或是阿基里斯腱。至于短距离赛程就可以选择较为轻量化的鞋款，通常会以零落差的赤足款为主，也就是前脚掌与后脚跟落差小，更贴近地面可增加活动时的行动力，鞋子底部的颗粒不会太大，但为了应付短距离而增强摩擦力。建议资深越野跑友，准备两双以上的越野鞋。

↑越野跑鞋，为了适应崎岖山径及多变化的地形，在鞋身的设计上，采用比较强化的布面，可以抵抗树枝岩石等摩擦，另外鞋舌的设计也会有些不同，有些会设计为一体式的鞋舌，来减少碎石细沙等小东西跑进鞋子里（如上图橘色款鞋）。另外一个最大差异，就是鞋底的纹路较为突出，以应付不同地形，更能防滑以增强摩擦力。

↑从鞋后跟可以看出两双越野鞋有差别，灰色款的后跟高于橘色款的鞋子，鞋后跟对足跟的支撑可以保护阿基里斯腱，相对于橘色款这双属于前后足零落差，在鞋款定位两者就有区分，灰色款适合中度以上越野，而橘色款适合轻度越野。

↑一双好的越野鞋，帮助跑者在面对泥泞湿滑的路况时，也能如履平地般舒适。

运动袜

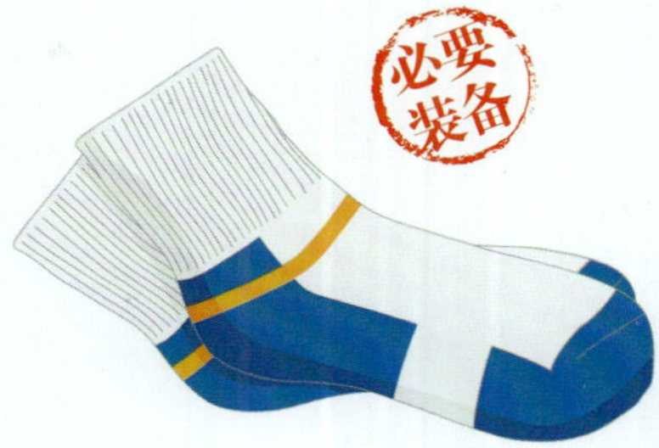

在我过去运动的经验中，本来不太重视袜子的选择，但是在专业运动越来越走向专精之际，像是打篮球有篮球专用袜、骑自行车有自行车专用袜，越野跑当然也有越野专用袜，坊间已经有许多品牌推出越野专用袜。而以我多次个人跑山的经验，建议穿较厚一些的越野运动袜，因为在户外越野跑的时候，时上时下、急跑急停的情况十分常见，这样的动作不仅对于脚踝膝盖的冲击力大，相对于袜子的冲击力道也会比一般跑马拉松等路跑来得强烈，因此加厚一点的越野运动袜，特别是前脚趾头有加强包覆及足弓有加压设计，可以增加对于足部的保护。

水袋越野背包

水袋越野背包也是进入越野的必要装备，传统的路跑赛或是马拉松几乎是完全不会用到水袋背包，而越野赛则几乎人人一个水袋背包。由于日益兴盛的山地越野赛越来越多，距离也越来越长，所以主办单位也会主动要求选手携带水袋背包，以我个人而言，不论距离的长短，时间多寡，只要是越野跑的行程，我都会选择带着越野背包出勤。

跟一般后背包不同的地方就是水袋越野背包的贴附感极佳，可以使得移动不被背包的晃动所影响，另外配合背包内含吸管水袋，水袋多为 2 升容量，而这个容量的水袋也比较能符合多场越野赛的距离；此外，越野背包有别于一般背包的地方就是“加厚双肩带”，更能增强背包稳定性以减低晃动，在双肩带上同时设计了许多收纳空间，可以增加背负容量，这些空间用来装置水壶或是补给品等都非常实用，最大的用意就是方便越野人可以在行进中动态补给。

↑越野背包随着越野跑的演进，也不断进化，除内置吸管水袋外，在胸前两侧的加厚双肩带设计，可增加置物空间，让跑者不用脱下背包就可以行动补给，背包的空间也会随着比赛的距离而有大小之分。

排汗衣、紧身裤

我常看到很多人会穿着各大比赛赠送的赛事纪念衫来跑步，这些纪念衫的衣服虽然多数是排汗材质的衣服，但是质量还是有高低之分，如果只是住家附近的健步步道跑一跑，还算堪用，但如果是距离长或是海拔高的越野路线活动，建议越野跑者穿长袖的排汗衣或是紧身上衣，而这一类的衣服可以选择登山用的排汗衣，或是知名运动品牌的紧身上衣。不过依照台湾地区的天气及地形因素，不建议穿比较传统的跑步背心，一来是考虑到要能保护背着背包的肩膀，二来有袖子较能增加保护性。台湾的山林环境非常容易遇到植被覆盖山径的情况，或是蜘蛛网丛生的路径，以及芒草区的路况，这时候长袖的上衣就可以多增加一层保护。

↑越野跑的基本装备：帽子、水袋背包、手套、袜子、越野鞋，服装以包覆性佳的长袖、长裤为主，若是短袖或短裤，可考虑搭配袖套、腿套，较有保护作用，以避免滑倒或被树枝刮到受伤。

以裤子来说，仍是建议越野跑者以紧身长裤为主，也因为台湾山林环境的关系，穿着长裤可以保护自己避免直接接触到植被或是蜘蛛网等外来物，而另外变通的方式就是穿短的紧身裤再搭配小腿套，这

样的穿搭运用我会依照路线以及季节来做调整。我本身还习惯会在长的紧身裤之外再搭配一件外裤，以运动短裤或是海滩裤为主，最好挑选以四向弹性布料制作的外裤，方便上上下下地跳动不至于被裤子卡到，多一件外裤的另外一个好处就是可以保护紧身裤，预防下坡不小心滑倒就磨破一件三四千元的机能紧身裤。通常外裤也会有口袋的设计，我在比赛过程中会将此口袋当作垃圾袋，以回收吃过的糖果包装，既方便又不会乱丢垃圾。

> **越野小学堂**
>
> 四向弹性布料（4-way Stretch fabric）是一种可同时横向和纵向伸缩的布料，弹性极佳，适合登山、攀岩、各式运动的大动作需求，并减少擦伤破皮的危险，还有保暖效果。

袖套、腿套

这样为选配装备，配合衣裤的穿着来决定，腿套、袖套在运动圈已经非常普遍，就我常接触的运动中，包括自行车、路跑、铁人三项、登山健步等，都会运用到这两种装备，一来配合衣着习惯外，也要视天气季节的状况做调整，二来穿戴袖套、腿套后，在较为茂密的山径移动，可以保护越野跑者免于刮伤，因此搭配袖套、腿套是一种进可攻退可守的概念。

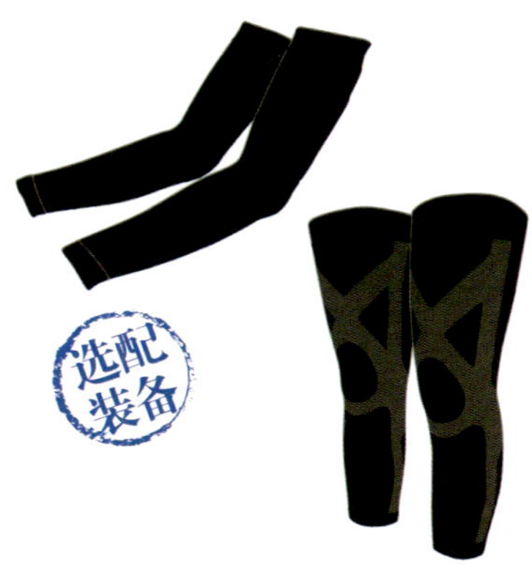

头巾或小帽

这类装备是用来保护头部的，多数人会戴着小帽（即运动帽），我平常路跑的习惯也是如此，可以利用帽子来吸汗、止汗，还有遮阳的效果，但我在多次的实地野跑后，认为头巾的功效比帽子来得好，因为除了具遮阳效果，在山径里奔跑需要比较高的专注力，不单是要认真留意路面的变化，有时也要注意头上的树枝树干，若戴着帽子会被帽檐遮蔽掉一部分上方的视野，可能有撞到树干的风险，确实也是数次发生这样的情况。

必要装备

↑ 头部保暖装备，通常会选择头巾或是小帽，而我个人习惯使用头巾高于帽子，帽子的部分除了运动帽外，有时我也会选择“骑行小帽”或是“中空帽”。

手套

手套也是选配装备之一，可以依照路线来携带，通常遇到中级山的越野山径会比较容易用到，或是竞技比赛的时候，在讲求快速效率的情况下，常常看到绳子就拉、看到树干就扶，戴着手套可以多一点保护，而手套可选择“骑行手套”，能保护手掌且手指可以灵活运用，若是天气较寒冷或是路线较原始，则可选择全指的防滑手套，也可使用一般的工作手套代替。

↑越野跑常需利用周边环境，例如：树干、岩壁、绳子作为辅助工具，维持平衡、借力转弯或顺跑，耐磨、弹性佳的骑行手套就是保护双手的好帮手。

GPS手表

对于一个专业的运动爱好者，一块可以记录各种运动数据的GPS（卫星定位系统）手表已经成为基本配备之一，当然户外越野运动更是需要，GPS手表可以记录航迹路线，了解自己跑过的时间距离，长期累积下来就可以作为一个比较系统的训练数据。GPS手表的品牌很多，价格落差也很大，

当然一分钱一分货，全看自己使用程度来选择需要的手表，如果是用一般的运动手表计时，我认为也没有不行，只是相对行程的数据就少了许多。

↑对于喜爱户外运动、有参赛计划的跑友而言，GPS手表可以记录练习数据及比赛表现，以利于进行分析与统计。

口袋风衣

这一项装备容易被大家忽略掉，但我个人则是将口袋风衣列为必要装备之一，而这件风衣也经常塞在我的越野背包内。在越野活动过程中，常常有可能会跑在棱线或是山顶上，在许多的情况下会让跑者暴露在迎风面，或者等待队友的时候，这时口袋风衣的挡风防失温的功能就显得尤为重要，加上风衣轻量化可以收纳成一个拳头大小，携带方便，不论是长短距离的越野跑都是不可或缺的装备，尤其是跑到山顶或是开阔处，遇到风大或休息的时候可套上保护身体，减少强风吹拂，避免风寒效应加速失温。

太阳眼镜

太阳眼镜是属于选配装备，可依照个人运动习惯来佩戴，就我个人而言，戴着太阳眼镜可以保护眼睛免于在烈日下感到刺痛，也能避免风沙，而在山径里快速奔跑的时候，不被树枝、树叶等外来物侵入眼睛，所以我习惯戴着太阳眼镜跑步。

手机（相机）

目前智能手机的拍照功能都很精良，可以兼具拍照及录像的功能，一机两用，可取代相机，手机还能通讯便于联络，在交通不便或是人烟罕至的越野山径，身上有个可以对外联系的装备是一件很重要的事。基于一物多用途的原则，手机视为必要装备，就目前实践上的越野赛事，多数的主办单位也都会要求选手携带手机，并且记录下赛事联络人或是机动人员的电话，以策安全。

阿虎队长小提醒

出门前记得要充足电，因山区网络讯号弱，可关闭网络节省电力，并在事前下载GPS航迹或路线图。

移动电源

现代人几乎人手一机，手机没了电，人也跟着失了魂，所以将移动电源列为选配装备，如果背包还有空间可考虑背上去。

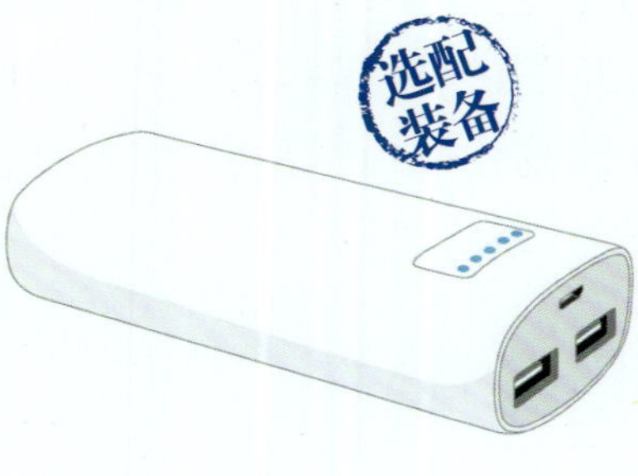

风雨衣

此处所说的风雨衣与前面所提到的口袋风衣是不一样的装备。口袋风衣是短暂的抗风外套，而此处所提的风雨衣就是防风防雨快干的外套，也是俗称的Gore-Tex外套。一般建议如果是要去跑海拔超过两千米以上的山区路线，一件轻量化的风雨衣是非常重要的装备。

选配装备

台湾地区的山区，气候变化万千，加上地形的影响，有可能早上晴天、下午雨天。而能够防风防水的风雨衣外套，可以保障跑者的中心体温，避免在大量流汗后一下子被风或雨带走体温，因此这也是一项属于安全装备的必需品。就我过去的经验，在大陆参加越野赛的时候，因为海拔较高，早晚温差又大，大会强制规定所有的跑者都必须全程背负风雨衣外套。

↑在天气多变的山区地形，尤其是高山百岳，风雨衣是不可或缺的装备。

阿虎队长小提醒

跑山时，越野背包内可放一件轻便雨衣，因为郊区气候变化不定，临时遇到下雨、风大的情况时，轻便雨衣可应急。

保暖衣

我将保暖衣列为选配装备，以路线来作为选择的考量，例如之前在大陆参加百公里越野赛或是自己安排台湾地区高山越野路线，动辄需要十多个小时以及上升到海拔三千多米的山区，会面临温差过大的情况，此时在最外层的风雨衣可以抵挡风雨，避免迅速流失体温，而内层的保暖衣物的功能就在于维持体温。

保暖衣的选择，建议仍以登山服饰的刷毛衣或用羽绒背心、羽绒外套取代为主，另外有些运动品牌也推出自家的保暖型贴身机能上衣，这样的上衣都会有一定的厚度，收纳起来大约比易拉罐的汽水瓶还要大，虽然占背包空间，但面对强风低温的环境，一件内层保暖衣可以维持身体温度，不至于有失温风险。

地图

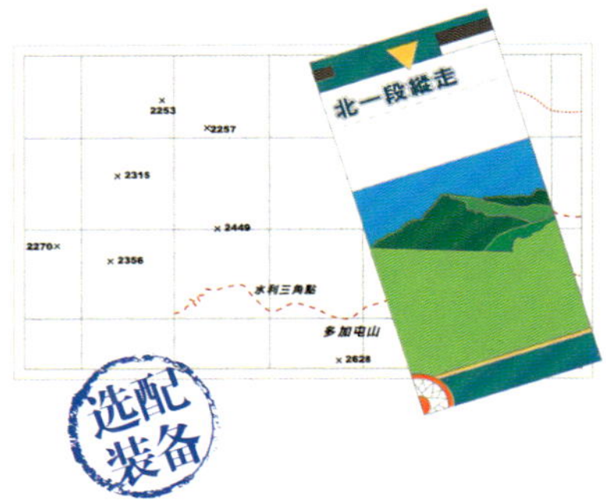

关于地图，有许多朋友总是跟我说，他完全看不懂，也不会分东南西北，但我会建议多准备一份地图，即便看不懂也可以拿出来问人，或是出发前查询网络上很多山友分享的手绘简图，可帮助越野跑者了解相对位置，跑山时也会比较有概念。

如果是不曾去过的路线，我一定会准备一份路线图，并且事先上网看看别人的记录，或如前面所提，其他跑友所留下的GPS航迹路线也是一种通道，现在的跑友都很热心，也拜科技所赐，要找到相关路线图并不会太困难，更周全的做法就是上网找找看山友所写的登山记录并复印下来，好好研读以了解路况。

地图如何使用

跑山的事前功课——规划好路线图，跑起来更轻松、安全，而看地图有两个重点：
1. 地图的上方是北方，首先地图要归北。
2. 确认出发地点、沿线重要地标。

卫生纸

过去我们在登山的时候总是说，卫生纸是登山时候的现金，千万别因为忘记带卫生纸而队伍撤退。属于生活必需品的卫生纸，在进到山里面时更是不可缺少。所以我的越野背包内一定会放置两包袖珍包卫生纸（在便利商店就可以买到，十元就三小包），但是为了维护山林环境，落实 LNT 无痕山林的精神，记得多准备一个小袋子回收自己使用过的卫生纸。

求生毯

求生毯是重要的必要装备，而且非常的轻量化，说穿了就是一张可以隔绝温度的锡箔纸，如东京马拉松也都会在终点线后发放给选手，以防止身体表面被强风低温带走体温。长期在跑越野的人背包里面一定要放一张求生毯，许多长距离的越野赛也开始规范选手必须携带求生毯，真的需要打开它的时候，也许就是在生死一瞬间的时候了。

简易医药包（急救包）

医药包是最容易被大家忽略的装备，说真的一开始跑山的时候，我也时常忘记携带，但是几次越野活动之后发现，偶尔还是会有同行的队友发生小擦伤，这时候如果有个简易医药包就能迅速处理伤口。所装内容物可依照每个人的习惯，准备着简单的医疗用品，例如消毒外伤的白药水或优碘、生理食盐水、创可贴、纱布、胶布、医用棉棒，以及凡士林、蚊虫药膏、消炎药膏等。

行动粮食

也就是所谓的运动补给品，只是越野跑的时间通常较长，如果都用运动专用的运动补给品，成本可能过高，所以改用登山人所说的行动粮食，以体积小、重量轻、易保存、营养高（即高热量、高蛋白）的食物为主，例如：巧克力、软糖、花生、羊羹、肉干等高热量食物取代，最重要的是方便在行进间食用，适时补充体力。

午餐

如果是安排半天以上的越野行程，中午的粮食补给非常重要，通常会以饭团或是面包为主、以肉干为辅，重点是挑选有饱足感及自己喜爱吃的食物，而且建议准备足量的食物，所谓的足量是依个人的食量大小来准备，最重要的就是一定要吃饱，吃饱才有力气应付接下来的行程。

选配装备

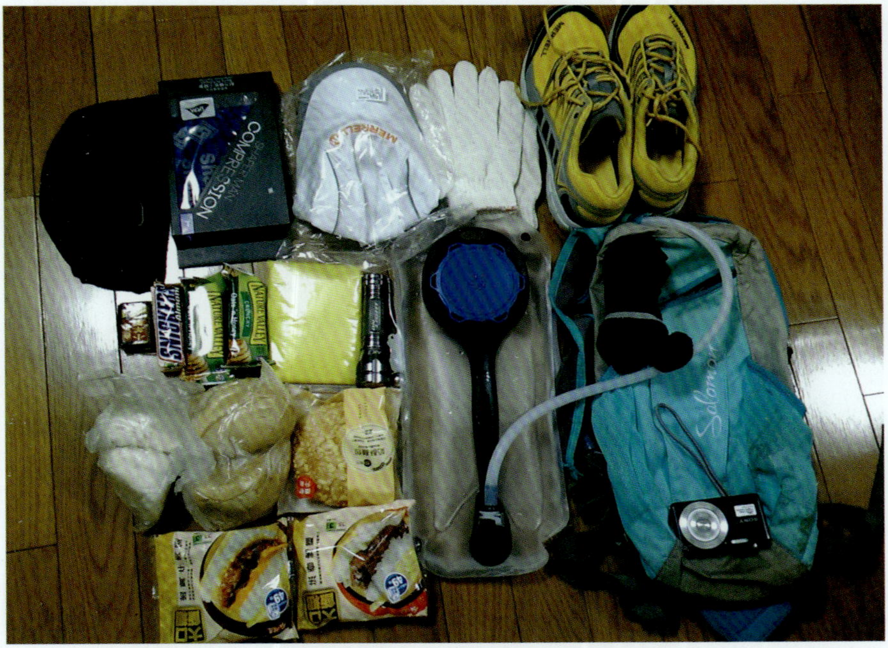

↑进行高山越野行程，除了高热量的行动粮食外，准备双份量的饭团、面包或是包子，可以当作午餐外，当活动持续到下午，觉得体力流失过多时，也可以多补充一份餐点。

防晒油

是否携带防晒油或防晒乳液，要看个人习惯，若是要参加 3000 米以上的高山越野行程，建议准备一瓶在身上，毕竟高山上几乎没有太多的遮蔽物，紫外线又强烈，一天的行程下来几乎每个人都会晒伤。

头灯、电池

头灯是户外越野的一项安全必要装备，基本上如果预定的越野行程是会超过中午的时间，也就是有携带午餐的越野活动，建议携带头灯。头灯轻巧不太占空间，塞在背包的下层，不会对跑者有太大的影响。随着自己的越野跑行程越来越多，我习惯在背包内固定放置一盏头灯，如果万一摸黑了，包括一些不可抗拒的因素，例如队友受伤了，严重影响前进速度，导致有摸黑疑虑，或是真的跑错路，迷失在错综复杂的山林中，这时候有一盏明灯会带来安定的感觉，当然定期要检查电池是否电力充足。

阿虎队长小提醒

手电筒与头灯一样属于照明设备，差别在于手电筒必须手持使用，当在多变的地形环境下移动时，少一只手维持平衡及辅助，总是少一分安全感，相比之下还是戴头灯较为理想。

路线决定装备

当遇到不同距离的越野路线，所需要的装备就会略有差异，如何选择适当的越野装备？可以从距离的长短及预计花费的时间两方面来考虑，以目前流行的越野活动性质，大致可以分“半日轻越野”及“一日长越野”两项为主。

所谓“半日轻越野”，多数以现有的登山步道为主，例如在台湾地区的阳明山森林公园内步道系统、观音山系、猫空一带的二格山、猴山岳等大众化登山路线，就属于入门的越野活动。而这样的越野行程交通易达性高，路线距离大约在 20 公里以内，有运动习惯的跑友应该可以在 4 个小时以内完成。

“一日长越野”则是长距离或是超过 4 小时以上的行程，甚至是高山百岳路线，以目前台湾地区来说比较代表性的比赛就是“TNF100 公里越野赛”、“AA50 动感亚洲越野赛”等，近来还有自助超马家族所推出来的长距离越野赛也广受好评，因为距离长、海拔落差大、变量多，所以难度增加，往往比赛的完赛率都未达九成。

至于难度最大的“多日长越野”，目前在台湾地区并不多见。比较常见的是许多超过百公里的越野赛事，通常都在 30 小时到 48 小时左右的时间，这样的多日长越野赛也是值得重度越野跑友挑战的赛事之一，其所需要的装备常是双份量的长越野装备。

半日轻越野

“轻越野”是目前最多人进入越野跑的第一个选择，先挑选简单的郊山步道系统，跑在半人工化的步道，初步体验越野跑的魅力，即便路线看似轻松，最好事前先步行走过一次，这样更能够掌握路线状况及时间。

轻越野虽然是入门级路线，越野距离长短不一，但多数在 20 公里以内，花费的时间几乎不会超过半天，基本的越野装备仍不可少，多一分准备就多一分安全，越野鞋及越野背包是最基本的配备，一双适合的越野鞋是进入越野的第一要件，越野背包则是越野跑者的第二生命，不论路线长短，背包在身就安全倍增，越野背包内除了背负活动需要的水量及补给食物外，也应备妥求生毯、简易医药包及卫生纸等安全装备。另外就是留意穿着，除了依照季节不同选择长短袖穿搭，还可以依个人运动习惯及路线的环境，决定穿着搭配的方式。

半日轻越野基本装备

☐ 越野鞋	☐ 水袋越野背包	☐ 越野专用袜
☐ 紧身衣裤	☐ 求生毯	☐ 口袋风衣
☐ 卫生纸	☐ 简易医药包	☐ 手机、移动电源
☐ 头巾或小帽	☐ 手套	☐ 行动粮食、水

一日长越野

要应付一整天的越野活动，装备上要更严谨准备，而且要依照路线的差异做不同的选择，先从个人身上的基本装备说起，头巾、太阳眼镜、排汗衣、紧身裤、手套、越野鞋袜、越野背包都不可少，准备原则对照“轻越野”的概念，而一日长越野的最大差别就在于背包内的物品，首先是水量的需求。

若是参加比赛，事前工作就必须查询路线图，确认每个补给站之间的距离，以便推算背负水量；若是自组越野活动，事前必须了解到此行的补水点或是水源处的距离，再考虑背负水量的多寡；若是水源取得不易，出发时就要计算水量，一次背足所需用水。而属于安全装备的求生毯、医药包、卫生纸等也不要遗漏，再者就是准备午餐及补给品。

长时间的越野活动，要考虑每人的食量决定午餐分量，也可依照个人饮食习惯准备喜爱的食物，补给品的部分，以体积小、热量高的食物为主。通常行程到了下午相对消耗过多体能，建议下午的补给品分量要比上午预估的多上一倍，以补充体力。

一日长越野基本装备

□ 越野鞋	□ 水袋越野背包	□ 越野专用袜
□ 头巾或小帽	□ 紧身衣裤	□ 太阳眼镜
□ 手套	□ 求生毯	□ 口袋风衣
□ 风雨衣外套	□ 头灯、电池	□ 手机、移动电源
□ 卫生纸	□ 简易医药包	□ GPS 手表
□ 午餐	□ 行动粮食、水	□ 地图（路线纪录）
□ 防晒油		

越野跑装备一览

必要装备

□ 越野鞋

□ 水袋越野背包

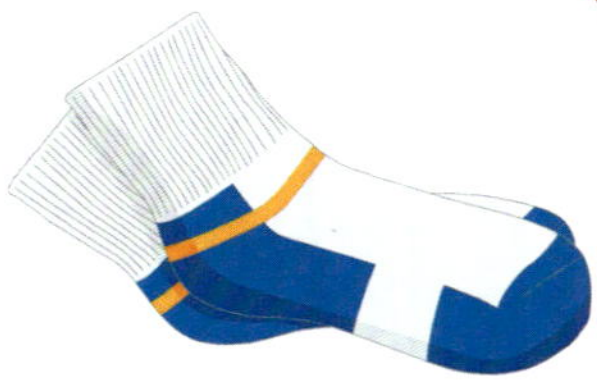

□ 运动袜

□ 头灯、电池

□ 简易医药包

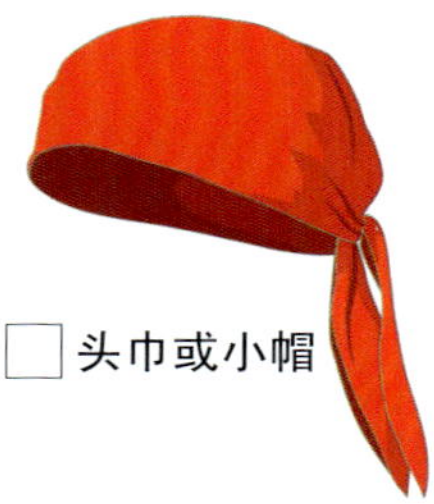

□ 头巾或小帽

□ 排汗衣、紧身裤

□ 口袋风衣

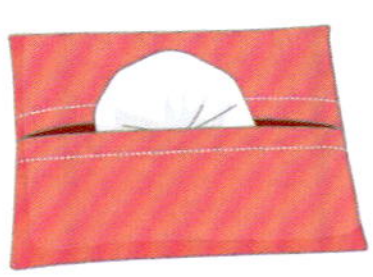

□ 卫生纸

□ 行动粮食

□ 求生毯

□ 手机（相机）

选配装备

□ 太阳眼镜

□ 防晒油

□ 风雨衣

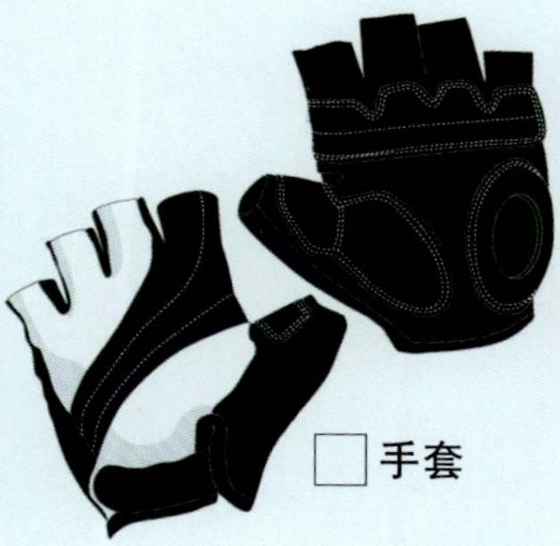

□ 手套

□ 保暖衣

□ 袖套、腿套

□ GPS 手表

□ 移动电源

□ 午餐

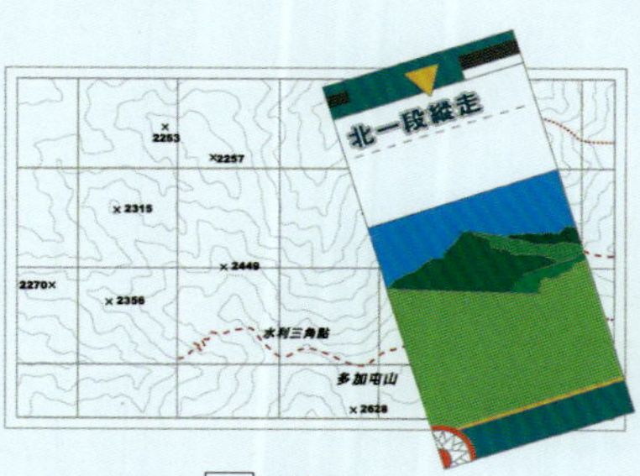

□ 地图

4 体能技术篇

这样做，练出越野跑的实力

在大自然中进行越野跑活动，若没有好的协调性和冷静的判断力，很难从容应付多变的路况及复杂的地形，而平时肌力与体能的训练就很重要，有扎实的体能基础再学习跑特殊地形的技巧，更能达到事半功倍的效果。

本章教你

- 基本体能训练有哪些？
- 什么是法特雷克训练法？
- 有效锻炼核心肌群的方法
- 挑战台湾地区特有地形的技巧

基本体能训练

从根本上来说，个人体能的建立需要持续性的运动作为基础，锻炼体能就像是建造金字塔一样，打底工程必须稳固，让金字塔四边有坚固牢靠的基底，才能逐步往上搭建。跑步也是如此，有扎实的体能训练，再中级到技巧练习，最好能请教专业教练来指导，才会稳定地提升体能与速度。持续性运动往往也是大家最容易放弃的一环，常看到许多人想一步登天，见到别人进行高强度的训练也想跟进，却没有考虑到对方也许是花了三五年的时间才累积起运动基础，贸然地进行高强度训练，最大的风险就是导致运动伤害，对自己有害而无益。

在过去或许有些人会说，只要一直跑、一直跑就会进步，对于这句话我并不完全认同，因为“一直跑”应该是指持续维持运动的习惯，但一直跑的进步幅度有限，到了一定门槛就会遇到瓶颈。就跟建金字塔一样，稳固好地基后，就要运用建筑工法才能往上建设，越建越高、越建越尖，跑步亦同，体能根基打好后，就需要运用一些训练技巧和方法，才能在速度表现上有所突破。

其实运动也是讲求方法和效率的，近年也走向越来越专业的科学化训练，利用科学统计数据来量化运动员的能力，包含了许多穿戴式的运动产品（GPS 手表、心率计等），训练方法及项目上百种，在此为大家归纳锻炼体能的大方向：有氧跑、LSD 长距离慢跑、间歇训练，此外针对越野跑的部分，增加法特雷克的训练，以及随时随地可以搭配训练的核心运动等。

1 有氧跑 Easy Run

有氧跑其实是不需要特别训练就可以去执行的运动项目，但刚开始建立基础体能时，有氧训练的过程是最花费时间的，它的重要性如同前面所提的金字塔底部工程一般，相对地，也需要比较长的训练时间才会看到成果，而非一蹴可及。对于初级的跑者而言，通常专业教练会建议在每周的训练过程中，70% 以上的时间都应该做轻松的有氧跑步。

以自己的体力可以负荷的范围，连续长跑 1 小时，每周 3 次左右，这样的轻松

跑步能建立你的有氧能力，以及加强骨骼强度和肌肉力量，同时，轻松的跑步也能燃烧多余的卡路里，以及恢复过度训练后的疲惫。常常比赛的人就会注意到，在比赛会场总是有些人会在比完赛之后，仍然在会场附近来来回回慢跑绕圈，就是利用动态恢复来代谢掉比赛后产生的疲劳。

一般来说，准备越野赛事也是如此，除了根据本身体能条件来拟订训练课表外，可以针对要挑战的越野赛事距离拟定一系列的训练方针，其中有氧跑就是主要的训练内容之一。有氧跑的场地也不一定要在越野山径中，训练的时候，可以在操场或是河滨公园等平坦区域，做有效率的有氧跑。

2 长距离慢跑 Long Slow Distance (LSD)

长距离慢跑（简称 LSD）几乎是所有马拉松训练课程的基本要件。一般来说，跑比较慢是比较好的选择，也可以说是比平

常的有氧跑再慢 30 秒到 1 分钟左右的配速，大约就是跑起步来还有余力聊天的速度，连续跑 20 ～ 30 公里左右的距离，最好一周练习一次。长距离慢跑除了利于建构稳定的体能，还能有效训练你的心智，在跑马界常常听许多人说“跑马拉松就是要练心”，大概就是这个道理。那么为什么越野跑也需要练习 LSD 呢？

就目前台湾地区的跑步环境，在假日的河滨公园或是山区道路确实可以看到许多人在进行 LSD 的跑步训练，LSD 的特点有三：其一是利用较长时间且低强度的训练，来增加稳定的体能；其二为有效燃烧脂肪，因为属于长时间有氧运动，可以达到身体燃脂效果，进而减少体脂肪和体重；其三是可以让人习惯长时间下的持续运动，所谓长时间就是可以持续 2.5 ～ 3 小时左右，长距离跑步最重要的是建立跑长距离的信心，和锻炼长时间跑步的能力。

越野小学堂

“亚索800（Yasso 800s）”是由《Runner's World》的专栏主笔兼编辑Amby Burfoot（本身也是优秀的马拉松跑者），在2001年时撰文分享了《Runner's World》比赛服务部的经理的训练方法，可以借着跑800米所需的时间为基础，来预测个人的马拉松成绩，反推来看，可藉此设定马拉松赛的目标成绩，再由800米的训练配速以练习达标。

connect

統計資料　分段資料　區段

分段資料 ▲	時間	累計時間	移動時間	距離	高度增加	高度減少	平均步速	平均移動步速	最佳配速	平均步頻	最高步頻
1	3:10.9	3:10.9	3:07	0.80	1	0	3:59	3:54	3:41	188	199
2	3:00	6:10.9	0:34	0.06	0	0	47:45	9:02	4:10	33	184
3	3:30.7	9:41.6	3:26	0.80	0	0	4:23	4:17	4:06	183	201
4	3:00	12:42	2:03	0.09	0	0	33:36	22:57	4:31	23	182
5	3:18.7	16:00	3:19	0.80	0	0	4:08	4:09	3:48	198	199
6	3:00	19:00	1:51	0.13	0	0	23:01	14:12	4:09	72	188
7	3:31.7	22:32	3:29	0.80	0	0	4:25	4:21	4:12	180	190
8	3:00	25:32	0:52	0.08	0	0	35:46	10:20	4:23	32	182
9	3:29.5	29:02	3:27	0.80	0	0	4:22	4:19	4:00	189	193
10	3:00	32:02	0:52	0.07	0	0	41:03	11:52	4:29	28	188
11	3:28.9	35:30	3:24	0.80	0	0	4:21	4:15	3:39	188	193
12	3:00	38:30	1:03	0.10	0	0	30:55	10:49	4:06	52	190
13	3:30.3	42:01	3:27	0.80	0	0	4:23	4:19	4:06	186	193
14	3:00	45:01	0:22	0.05	0	0	0	7:49	3:53	26	186
15	3:32.1	48:33	3:28	0.80	0	0	4:25	4:20	3:36	186	192
16	3:00	51:33	2:47	0.10	0	0	31:16	29:01	4:01	27	192
17	3:34.7	55:08	3:31	0.80	0	0	4:28	4:24	3:47	183	196
18	3:00	58:08	2:23	0.09	0	0	32:33	25:53	4:16	27	188
19	3:33.6	1:01:41	3:32	0.80	0	0	4:27	4:25	3:19	182	193
20	0:47.4	1:02:29	0:18	0.05	0	0	14:28	5:30	4:08	66	193
摘要資訊	**1:02:29**	**1:02:29**	**47:15**	**8.83**	**1**	**0**	**7:05**	**5:21**	**3:19**	**119**	**201**

↑此表为使用亚索 800 间歇跑法的数据，以平均 3 分 30 秒内的时间快跑 800 米，每趟之间缓跑 3 分钟休息，再进行下一趟快跑，总共来回 10 趟。

由于越野跑常面临崎岖且陡峭的山径，在山径前进的速度往往不及平路跑步的速度，根据过往的经验，一般人在山径越野跑的速度几乎是平路跑步速度的两倍，花费的时间也是平路用时的两倍以上，平时的训练量如果未达一定基础，或是没有长时间运动的习惯，很难在一段山径上表现出如同跑平地的能力，这也是LSD训练对越野跑的重要性。

3 间歇训练 Interval Training

间歇训练是结合高强度以及低强度训练，进行数个循环交替，其中亚索800（Yasso 800s）是近十年来最著名的马拉松训练法，800米也是最常被训练的距离，以期达成提升体能水平的效果。

越野小学堂

使用冲刺及敏捷度训练来改善体能及发展更多的肌肉。研究显示，为了让无氧系统获得最佳状态，必须正确地安排休息间隔、次数及强度，而这三项数据就需要根据专业教练来评估，并非每一个人都是用于相同的数据。

以亚索800来说，透过较短的高强度快跑，产生刺激，让身体适应更高的心肺能力需求，而这样的高强度无法持续太久，所以会在短暂的高强度快跑后安排休息时段，透过缓跑或伸展促进乳酸代谢，稍作休息后随即进行下一次的快跑，如此反复循环数趟，所以流程为 800 米冲刺跑（相当于快跑操场 2 圈）→ 400 米缓和跑或是慢走（缓跑操场一圈），让身体逐渐养成更高的心肺适能，并适应比匀速跑更高强度的速度感，一般来说都是以 10 趟为主，但初学者刚开始的间歇训练可能无法完成 10 趟，建议趟数可从 3 ～ 4 趟开始，再逐周增加趟数。

除了亚索 800 之外，一般的间歇训练还有 1000 米、1200 米不等，当然也有人采用金字塔式的间歇课表，例如：4000 米→ 3000 米→ 2000 米→ 1000 米→ 400 米逐量递减的间歇方式，若是训练的新手不曾跑过间歇训练，也不确定自己的配速，无法用稳定的强度去完成，可以先用快慢交替的跑步方式来尝试，经过充分热身后，用稍微喘且不能随兴谈话的速度快跑 1 分钟，然后慢跑 1 分钟缓和恢复，重复进行 5 ～ 8 趟。每周逐渐延长快跑的时间，如果能适应快跑 3 分钟、慢跑 3 分钟的循环，那便是间歇跑的训练概念。

越野跑者为什么要进行间歇训练？因为间歇训练可以提升跑者的速度以及更高的心肺功能（心肺适能），尤其应用在陡坡上升的时候，连续陡上山径，不仅考验跑者的肌耐力，还包含心肺功能，能够撑过陡上坡，并且快速恢复代谢乳酸，就能拉开与其他跑者的距离，创造更好的成绩。所以每一次的陡上坡就像是一次又一次的间歇训练，唯有扎实的训练才能在实际山径中发挥出百分百的效果。

4 法特雷克训练 Fartlek Training

在开始越野跑之后，我特别加入了法特雷克训练到自己的训练课表当中，法特雷克训练是一种类似“游戏性”的训练方法，

在严谨的训练课表中这是一种比较有趣的练习，可以在操场、公园，甚至在户外山区直接操作，将一般耐力、肌耐力、速度、敏捷度等内容结合在一起的训练方法。利用多变的地形、景色，使跑者在训练时，心理上较不容易感觉疲劳，且这些地形环境最接近山径越野的真实情况，容易达到全面性而且高 CP 值的训练效果。法特雷克训练法，有点类似转换式训练，可以安排在高强度训练周期后，或是 A 级赛事之后的训练课程，可加速消除疲劳，当然也可以列入在正规训练周期当中的一环。训练的内容可以很随兴地依照环境地

越野小学堂

法特雷克（Fartlek）是源自瑞典的单字，英译为“Speed Play”，意指较为随性的间歇运动，可以依照跑者的想法来设计训练内容。

形来调整，例如：利用折返跑的次数和距离，加强训练跑中长距离的能力，或是利用上下坡跑来提升速度或大腿肌力等，也可以利用一些动作组合变化，作为全身性的协调训练等。

对于有长期持续训练的跑者，提供大家一个基础的配法，增加训练的变化性：

1. 热身慢跑 10 分钟，确实让身体活络开来。

2. 进行 100 ～ 200 米的速度跑，做速度上的改变，次数取决于每个人的基本能力，初级跑友可以先进行 3 ～ 5 次的练习，再视情况慢慢增加。

3. 转换项目时，再慢跑 10 分钟。

4. 搭配一组地形式训练法，像是阶梯跳跃或定点折返跑等，所有的动作皆重复 3 ～ 5 次。

5. 最后收身慢跑 10 分钟。

法特雷克训练实际操作分享

方法 1 利用操场跑道做变速练习

在操场的话可以用 400 米的操场做一个速度改变的训练，先热身跑完 10 分钟左右的时间，确实让身体热开，肌肉充满血液而富有弹性，再做接下来的速度冲刺才不容易受伤。利用 400 米椭圆形操场，当遇到直线的跑道时，即全力冲刺到进入弯道前停止，进入弯道则进行慢跑或是缓和走，直到下次进入直线跑道，由此反复数次。

操场跑道变速练习

跑在直线跑道时，全力冲刺。

遇到跑道转弯处，放缓速度准备进行慢跑或缓走。

方法 2 利用阶梯、障碍物做地形式训练

在操场外的地形可以利用大型公园或是停车场等安全的公共场地做地形式的训练，利用现有的阶梯，或是障碍物等，可进行登阶训练、折返跑、跳跃，或是不规则路面跑动等形式。

我个人蛮喜欢这类型的训练模式，特别是要准备越野活动之前两到三个月之内练习，包含跑阶梯的上坡训练，会选定一段阶梯可能三到五层楼高，或是规律的长度，练习内容有一阶一阶往上跑、两阶两阶往上跑、三阶三阶跨步向上，完成一二三阶算是一组，视个人体能状况做 2 ～ 3 组。另外还有公园内的步道穿越跑，以台北市来说有许多大型公园可以作为一个好的训练场地，例如大安森林公园、青年公园等。

上下阶梯循环练习

折返跑

人行道穿越跑

■基本体能训练法

项目	练习内容	频率	目的
有氧跑	轻松慢跑1小时	每周三次	1. 建立有氧能力、加强骨骼和肌肉强度 2. 燃烧多余卡路里 3. 恢复过度训练后的疲惫
长距离慢跑（LSD）	比有氧跑慢30秒至1分钟的速度，连续跑20～30公里（约2.5～3小时）	每周一次	1. 增加体能稳定度 2. 有效燃脂，减少体脂肪与体重 3. 建立长跑信心与长时间运动的能力
间歇训练——亚索800	进行800米快跑后，再以同等时间慢跑400米，快+慢算1趟，从3～4趟开始训练，逐周增加到10趟	每周一次	1. 提升跑步速度 2. 加强心肺功能
法特雷克训练	热身后进行百米速度跑，转换项目时再慢跑10分钟，搭配一组地形式训练法，重复3～5次，最后慢跑10分钟收身	每周一次	1. 结合一般耐力、肌耐力、速度、敏捷度的训练法 2. 过程趣味性高，心理较不易感到疲劳 3. 模拟山径越野状况，锻炼全身协调性

核心肌群训练

要提升跑步的能力以及越野的实力，除了速度与耐力的掌握外，核心训练的肌力强化也是非常重要的一环。核心肌群位于身体的中部，涵盖范围包括腹部、背部及骨盆部位，也就是俗称的腹、背肌群，同时是人体中最大的肌肉群。核心肌群主要负责稳定保持身体平衡的功能，同时主导身体的各种动作。核心肌群的功能越强，人体在运动时的跳跃、伸展弯曲、转动身体等动作，所能召唤的肌肉纤维就越多，这样的动作反应过程就越短，速度就越快、力量也越强，同时能降低身体损伤的发生率。

所以增强核心肌群的锻炼可有效提高跑者的运动表现，当然对于从事更高技巧的越野跑者来说，核心肌群的训练更是不可缺少的一环。阿虎队长就针对越野跑的需求，列举一些动作来提升核心肌群的肌肉强度以及手臂、腿部的强化。每个跑友可以自我衡量自身的能力，选择合适的动作、组数，以达到最有效的训练效果。

1 深蹲运动Squat

- **训练部位：** 臀大肌、臀中肌、股四头肌
- **训练次数：** 动作维持30秒，反复做10次

说明 这个深蹲运动可以是说许多训练项目的基本动作，可以训练到臀部和大腿的肌群，包含着臀大肌、臀中肌以及股四头肌等。强化了臀大肌可以改善外扩的臀部，进而紧实臀部，股四头肌则可以改善松垮的大腿，增加下半身的线条与比例，因此不仅是运动员会做深蹲运动，连许多爱漂亮的小姐们也会勤做深蹲来改善下半身的线条。

动作要领

1.双脚打开与肩同宽，抬头挺胸，不弯腰驼背。

2.臀部往后坐呈自然蹲下，重心放在后脚跟而非膝盖，手臂往前平举，上身可以前倾维持平衡，膝盖不可超过脚尖前缘，尽量使大腿与地面平行。

3.吐气往下蹲，夹紧臀部，吸气往上站，恢复站立姿势，重心均衡落于双脚，每次下蹲停止30秒钟，反复做10次。

2 棒式运动 Plank

- 训练部位：腹部、臀部、大腿前侧
- 训练次数：动作维持 30 秒，循序渐进增加次数或时间

说明 棒式运动是一种随时随地都可以做的基本核心运动，可以训练到身体所有的核心肌群，包含腹横肌、腹直肌、腹外斜肌、腹内斜肌和臀部肌肉，重点在肩膀到脚均维持一条直线，以达到棒式的最佳效果。此外棒式还可变化出侧棒式（Side Plank）、桥式（Bridge），左右手都必须交换做，才能达到身体的平衡发展。

动作要领

1.以双肘撑地，双手呈现拳头姿势（手掌平贴地板亦可），脚尖着地，双脚与肩膀同宽。

2.让头部后方、背部与臀部呈现一条直线，缩下巴，使脊椎呈现自然曲线。

3.缩小腹，收紧绷臀部，避免臀部下沉。

4.用鼻子吸气，嘴巴吐气，每次动作至少30秒，可视个人条件增加次数或拉长时间。

★基本棒式

避免肩膀往前倾

★变化 1：侧棒式

手肘与臀部、脚踝维持一条直线

躯干保持稳定，臀部抬高

双脚保持靠拢

紧缩腹部，抬高臀部，躯干保持稳定

双膝弯曲呈 90 度

★变化 2：桥式

手心向下张开贴地

膝关节、髋关节、肩关节呈一条直线

3 弓箭步下蹲 Lunge

- **训练部位**：臀股、股四头肌、腿后肌
- **训练次数**：左右换边各 20 下，每次做 3 ～ 5 组

说明 弓箭步下蹲主要是针对双腿的肌力做强化动作，特别是大腿四头肌的稳定性和平衡感，平时可以在户外徒手作，若是在室内训练，则可配合器材，如哑铃、装水的矿泉水瓶等，做中级版的强力弓箭步下蹲。

动作要领

1.双脚与臀部同宽站立，双手叉腰。

2.向前跨出一脚，另一脚保持在后，弯曲前脚膝盖使大腿与地面平行，前脚膝盖勿超过脚踝，脚尖向前。

3.后方脚也弯曲90度但膝盖不可触地，保持身体平衡，停顿数秒、吐气起身休息，接着重复数次。

4.中级版可手握重物，例如哑铃等物。

5.每次运动左右脚各20下，或是左右脚换边动作持续1分钟，休息20秒，再进行下一组，每次做3～5组。

抬头挺胸躯干保持稳定

前膝弯曲呈90度

后膝弯曲呈90度，不触地

4 伏地挺身Push-Up

- **训练部位：**胸大肌、三头肌、背肌
- **训练次数：**连续动作 1 分钟或 30 下为一组，每次做 3 ～ 5 组

说明 伏地挺身是大家耳熟能详的体育动作，也是非常容易执行的肌力训练动作，而伏地挺身属于一种多关节运动，可锻炼到上半身肌群，包括胸大肌、三头肌、背肌等，不论是初级还是中级的跑者都需要练习，尤其是越野跑者，相较于一般路跑赛，越野跑会时常运用到上身肌群去做动作，所以在强化腿部肌群的同时，也不可忽略到上身的锻炼。

动作要领

1.双手撑地，两臂伸直与肩同宽，脚尖着地，勿翘臀拱背，为预备动作。

2.两臂弯曲，身体向下贴近地面，肘关节高于背，身体维持一条直线，然后两臂用力推直，回到预备动作。

3.女生若力量不足无法撑起，则可用双膝着地的方式做，降低难度。

4.中级版可调整手掌间距，提升训练强度，例如双手指头相触的方式，或是比肩膀更宽的方式，但一切的训练方式都要量力而为。

5.每次运动可以30下为单位，或用时间1分钟计时，每次做3～5组。

阿虎队长小提醒

虽然伏地挺身是常见的肌力训练动作，若能注意以下重点，更能达到效果。

重点 1 调节呼吸，注意出力

向下伏地时吸气，向上挺身时吐气，全程勿憋气以免内伤。

重点 2 注意颈部及腰、腹部

背部到脚踝要保持一条直线，脖子不要过度用力，以免颈椎压力过大导致运动伤害，腹部要撑住以维持平衡，避免只有腰部上下移动，不仅动作难看还可能造成脊椎受伤。

重点 3 训练要循序渐进

先从基本棒式开始训练，不要好高骛远，做超过自身能力的动作，待肌力训练持续一段时间后有所进步时，再提高训练强度。

★基本伏地挺身

★强化版伏地挺身 1

双手指头轻触再动作，加强训练内胸肌、胸线和背部肌肉。

★强化版伏地挺身 2

张开双臂比肩膀还宽再动作，可以加强训练外胸肌、臂力和肩部肌肉。

5 屈膝卷腹仰卧起坐 Tabletop Crunch

- **训练部位：**腹肌
- **训练次数：**30 下为一组，每次做 3 ～ 5 组

说明 这个动作是针对上腹部的肌力做训练，是以腹肌的收缩力将上半身卷起并徐徐呼吸，让手肘与大腿尽可能贴合。停留片刻后，以腹肌的张力控制还原下放，缓慢吸气，肩膀不可贴地，接着重复上述动作。

★正常版

屈膝呈 90 度

肩膀不贴地

双手不抱头，避免拉伤颈部

腹部紧收，想象脊椎一节一节地卷起离地

动作要领

1.平躺，双脚屈膝成90度，脚掌平贴于地，双手环抱于胸或轻贴耳侧，为预备动作。

2.以腹部力量将上身卷起，身体离地约30度，上背部应保持自然状态，双肩与颈部也不应过分出力，停留约2秒再慢慢下躺。

3.配合“起身时吐气，躺下时吸气”的呼吸节奏进行，让腹肌始终保持在一定的紧张力。

4.中级版有手持重物、抬腿轻触手肘，或是左右转动身体的方式训练腹斜肌。

5.以30下为一组，每次做3～5组。

★中级版（交叉屈体）

上身卷起时，可以抬右膝触碰左手肘，再换边进行，改以左膝触碰右手肘。

6 登山跳 Mountain Climber

- 训练部位：三头肌、三角肌、腹肌、股四头肌、臀大肌
- 训练次数：左右脚来回交换 30 秒算一组，每次做 3 ～ 5 组

说明 登山跳是模拟爬山的动作，看似下肢运动，实际上却是全身性的运动，以双手撑在地上，运用双脚来回踢跑，因此可以训练到股四头肌、臀大肌，以及上身的手臂及核心肌群等，是属于很动态的训练动作。

单脚往前时，膝盖抵达胸口位置

动作要领

1.做伏地挺身的预备动作，从双手撑地开始。

2.将右脚往前提，膝盖大约向前延伸到胸口的位置，然后回来预备动作，再换左脚往前提，左右脚轮流替换。

3.注意交换脚的时候，要维持背部的平直，预防拱背，全程腹部紧收，背部起伏越低越好。

4.每次动作可以30秒为一组，每次做3～5组。

在交换脚的过程中，维持背部平稳，不要起伏太大

7 波比跳 Burpee

- 训练部位：三头肌、三角肌、胸大肌、腹肌、大腿前侧肌、大腿后侧肌、臀部肌肉
- 训练次数：连续动作 1 分钟或 15 ～ 20 下为一组，每次做 3 ～ 5 组

说明 波比跳是一种运动全身的力量运动，而且是无氧状态的训练方式，从整个动作看来就是结合深蹲、伏地挺身及向上跳跃的整合，由于运动到的肌肉群越多，对燃脂的效果也越好，同时对爆发力和核心肌群有相当的训练作用。

①

②

③

动作要领

1.站立姿势预备开始。
2.蹲下后，双手顺势向下撑地，双脚同时向后踢出，脚尖顶地，做成伏地挺身的预备姿势。
3.双手撑地，收回双脚，回到蹲下位置，再站立起来，回到预备姿势，此为一次动作。
4.中级者可以在伏地挺身的预备姿势时，将身体下沉，完成一下伏地挺身动作，起身时立刻收回双脚，弹回蹲下姿势，再双手向上伸直，快速往上弹跳一下，此为一次动作。
5.可以1分钟为限重复上述动作，或是15～20下为一组，每次做3～5组。

④

⑤

阿虎队长小提醒

本章所说的基本体能训练，“有氧跑”可每周进行三次（通常可间隔进行，例如周一、三、五，或二、四、六），其他三项训练：长距离慢跑 、间歇训练、法特雷克训练，则每周一次即可，而核心肌群训练可以搭配有氧跑一起做。

对应台湾地区地形的越野技巧

台湾地区由于地质背景关系，地形特色十分明显，常见高山深谷的地貌，河流阶地也到处都是。越野跑就是在大自然中进行，翻山越岭、横渡溪流是不可避免的状况，此时若能掌握一些技巧，就能立即应变而不中断行动，还可降低或避免运动可能带来的伤害，让跑者有更好的表现。以下我就针对常见的台湾地形，分享一下跑步技巧与经验。

上下坡

这无疑是越野跑最常出现的地形，所谓越野就是穿越山坡或崎岖之地，因此也有大多数人害怕遇到上坡太陡跑不动，下坡太陡跑不快的情况。

上坡怎么跑？

上坡时，身体重心微微前倾，眼睛顺势看前方约一米的地面，步伐放短小，以脚掌的前半部中心来着地，保持你的手肘自然摆动与下肢动作的协调，最重要的是“呼吸”！

鼻子吸气、嘴巴吐气，应根据地形陡峭可以短而急的交替换气，视自身能力而为，千万不要造成所谓的“爆心跳”，当爬完上坡时则要迅速调整呼吸方式，深呼吸、长吐气，让心率下降，才能应付后续路况。

下坡怎么跑？

下坡时，身体轻微前倾，保持短步伐，视线往前约两到

上坡越野技巧

↑面对上坡的时候，可以双手扶在膝盖上，上身微微前倾，辅助上坡。

↑在山径上坡，如遇到坡度过大，跑不起来，可以选择快走的方式前进，每次抬脚尽量不要高于膝盖，减少股四头肌的消耗，亦可利用快步行走时调整呼吸节奏。

三米距离，让自己可以选择最清楚的路径。若是技巧还不足，无法让身体微前倾，可以先保持身体直立，甚至些微往后来减缓下冲力道，过度陡下的地形也可以选择侧身的方式，一阶一阶往下。

跑下坡对于大腿的肌群十分重要，若是没有强而有力的股四头肌及臀大肌，会在长下坡之后造成膝盖的不舒服或是腿部的抽筋现象，因此，完善的肌力训练以及熟练的技巧是很重要的课题，对于肌力训练的加强，可以在每次的训练前后安排适量的肌力训练，至于下坡的技巧，需要多次实际练习，才能掌握。

下坡越野技巧

↑下坡时可以利用周边的树干作为一个转弯的缓冲，利用手去扶或撑树干，顺势转身过弯。

下坡越野技巧

↑面对长下坡的地形，一味地刹车减速，只会造成膝盖的负担，有时候可以尝试放点速度，轻跳跃地下坡。

↑下坡的时候，别直挺挺地站着，让膝盖微弯，放轻脚步，双手微开，随时预备应付突发状况。同时身体可以微侧，缓步下坡，较不易滑倒。

阿虎队长小提醒

● 跑上坡“呼吸”是重点，陡坡短呼吸，跑完坡再长呼吸。

● 双手扶膝，上身前倾再上坡。

● 下坡的省力跑法：手扶周边树干，顺势转身过弯，或是加点速度，轻跳下坡。

草地

在《运动科学期刊》(Journal of Sports Sciences)的一项研究中指出：在草地上跑步，相较于柏油路面地形，可以降低下肢的压力高达17%。

对于受过伤的跑者，从复健后跑回正规训练，草地是非常适合的一个场地。所以常在操场跑步训练的人，就会发现有人会在操场中间的草皮上慢跑，作为练跑前的热身跑或是训练后的缓和跑，都非常适合。

在越野比赛当中，遇到草地地面时，几乎是大家发足狂奔的地方，因为平坦的草地可以让越野好手们尽情地奔跑，这时候就要回到训练的基本层，谁的速度快且跑得长久，便可以胜出。

阿虎队长小提醒

柔软的草地会迫使跑者速度放慢，相对也会减少对关节的冲击，适合伤后复健的跑者，作为有氧跑的练习场地。

沙地

根据《实验生物学期刊》（The Journal of Experimental Biology）资料显示：在沙滩上跑步能增加对有氧能力的挑战，比起许多路跑，所多燃烧的热量约为1.6倍。

沙滩地形柔软且不平坦，在每次下脚之后，会被沙地吸收力量，因此需要比较强大的肌力以推动前进的力量，在沙地训练就可以有助强化双腿的肌群、脚掌、髋关节及核心肌群等。

若是脚踝受伤或个人柔软度有限，则应避免在沙地做长时间跑步训练，因为这会将额外的压力移转到脚踝及小腿上，建议在沙地训练的时候可以循序渐进，别一口气就在沙地做太长时间的训练，且在进行沙地训练之后，要做伸展收身的缓和动作。

↑棱线攀爬地形在高山越野中时常出现，海拔高且空气稀薄，除挑战跑者的越野技术外，还考验跑者的体力及心肺功能。（小冈提供）

阿虎队长小提醒

越靠近水的沙地越硬，跑者可交替跑在离水近及离水远的沙滩，体验不同软硬度的沙地当作训练。

原始登山路径

在山野中奔驰，登山路径属于最原始的路面，也是众多跑友热爱的地形，有石头、岩壁、倒木、根茎突起及地面曲折起伏等，必须更加专注在步伐的移动上，这些盘根错节的路面会开启跑者对身体的感知能力，每种路况都有不同的应变方式，需要不断练习找到身体的平衡感，才能在这些地形上迅速移动。

原始登山路径越野技巧

↑山径步道有时遇到落石区、树木横卧之处，寸步难行之下，也考验跑者的应变能力，此时可手扶旁边的树木、岩石，在手脚并用下，快步通过。

↑跑山径步道，尽量踩在干的泥土上，除了避开石头、树根，也要留意枯落叶，若踩在枯落叶上，脚步要放慢，否则容易滑倒。

↑攀爬岩壁，虽不多见，但遇到时总让人又惊又喜，通过这样的攀岩地形一定要小心谨慎，把握攀岩的基本原则三点不动一点动，缓慢地一步步移动，安全至上。

泥泞地

泥巴地面也是台湾地区山径越野中容易遇到的，也是最为普遍的地形，几乎在原始山径上都会遇到，而相较于其他地面，泥泞地区就会影响每一次的下脚点，尤其当鞋子被泥巴完全包覆的时候，除了影响跑姿还会影响心情，这时候只要好好调适心情即可，因为这是越野跑必定会遇到的过程，换个角度，这也是越野的乐趣之一。另外，也可能会造成整只脚掌陷入泥泞地，所以要预防当脚完全陷入时，为了急忙将脚快速抽出，而将越野鞋遗留陷在泥巴中的窘境。

泥泞地越野技巧

↑遇到泥泞地时，要留意下脚点，避免滑倒或是整脚陷入泥巴中。

↑跑泥泞地，鞋子被弄脏是家常便饭，平常心面对即可。

小木桥

许多的古道或是山径几乎都一定会遇到小木桥或是小栈桥，有些是早期留下来的，也多半没有扶手，看起来十分简陋，通过的时候一定要小心，放低身体重心，切勿完全不停留地冲过去，避免桥面支撑不住强大的冲击力道。现在多数新的桥梁会改用仿木头的小栈桥或是铁、铝板制，通过时一样要预防桥面湿滑，以及不完全平坦的桥面，以免滑倒受伤。

小木桥越野技巧

↑ 在古道上最常遇到小木桥或是木栈桥，但是年久失修，有些桥呈现倾斜状态，因此一次一人依序通过较为安全，同时要小心谨慎，缓步前进。

↑ 即便是较稳固的新桥梁，也要预防桥面湿滑，避免失足滑倒。

古道、山径常见的桥类型

↑ 小木桥

↑ 小铁桥

↑ 木栈桥

人工阶梯

人工阶梯多半在城市近郊山区，有关部门如台北的阳明山山区的步道系统——七星山步道或是南港的四兽山步道等，这里多是连续的阶梯，不论是木板或是石头阶梯，面对这样的地形，就是准备听四头肌的哀号。往上跑阶梯时，与跑上坡的技巧相同，重心微微往前，双手可以轻微撑在两个膝盖上方，一步一步地往上跑，这会是最稳健的方式。

下阶梯时，双臂不需大幅度摆动，重心微往后，一阶阶往下，多加练习就能抓到一定的节奏感，若遇到较陡的阶梯，可以身体微侧下阶，较为安全。

阿虎队长小提醒

当阶梯与坡（天然土路）同时存在的地形，肌力及协调性佳、有经验的跑者会选择跑坡，较不受阶梯高度的限制。

上下阶梯越野技巧

↑ 上阶梯时，重心略向前倾，双手放在膝盖上，拾阶而上。

↑ 遇到长距离的阶梯，不一定全程都用跑的，有时可以一步一步快走前进，让身体稍做喘息。

↑ 下阶梯时，重心微后，两手摆动幅度不用过大，若遇比赛时，可两阶或多阶快速跳跃前进，但必须平时多练习，有好的肌力与体能，才能以一定的速度感前进。

石头地面

石头地面跟人工阶梯出现的地方很接近，多半也是在步道系统发达的区域，在阳明山森林公园、观音山风景区之类都很常见。石头地面的山径最要注意的就是石面湿滑，特别是雨天过后或是青苔满布的石面，往往在迅速奔跑的时候，稍不留意就容易滑倒。所以遇到这样的石头地面时，必须十分专注在每次的落脚点，双手放松保持轻盈，手上切勿携带物品。

而石头地面对于脚的冲击力也会比较大，如果是肌力不足或是脚部有伤的跑者，要尽量避免长时间地奔跑在石头地面上，可以多利用现场的环境，跑在石头步道旁边的草地或土地上，减缓冲击的力道。

石头地形越野技巧

↑遇到长青苔或是湿滑的石头地面，为避免打滑，尽量踩在旁边的泥土地上，或是石块与石块的交接处。

溪流河床

目前溪流河床越野的路线开拓不多，因此大家可能接触溪流河床地形的机会较少，若是遇到这样的地形，毕竟穿越野鞋在溪谷中前进就有一定的难度，而且溪流地形变化多样、石头湿滑又不稳定，所以在溪流河床上移动必须全神贯注。前进的时候与溯溪活动一样，要留意观察河床溪流的两侧，选择较容易通行的一侧前进，还要注意每一次的落脚点，确实踩在平稳的地面上。若是要横渡溪流，则要面对上游，张开双手维持平衡，前后人员保持间隔，一步一步前进踏稳后再移动。

溪流河床越野技巧

↑越野跑溪的活动，要慎选溪谷河床，且要有鞋袜全湿透的心理准备。

←横渡河床的时候，需面向上游、前后间隔，双手保持平衡，一步一步缓慢前进。

←在小溪谷通过溪流时，可以考虑脱下鞋袜，手持鞋袜过溪，这样可以确保脚部的干燥，利于后续行程。

阿虎队长小提醒

2016 年 1 月底因为负北极震荡，极地气团的冷空气来袭，造成全台各山区都降下瑞雪或是冰霰，面对雪地地形，要先确认是软雪还是硬冰，若是软雪还可以踩踏下去，只是鞋袜会渗雪，造成冰冻。因为雪地容易打滑摔倒，若是遇到雪地地形，在没有充分的准备下，选择撤退还是最佳的方式。

5 越野行动篇

开始越野跑，
路线规划轻松学

在了解何谓越野跑、备齐必要装备，并实施训练计划后，所谓“坐而言不如起而行”，应该实际尝试跑看看。但要如何规划跑的第一条路线？该注意哪些细节并考虑哪些方面？只要掌握大原则并不难着手喔！本章也推荐从入门到中级各有特色的十条经典路线，方便你赶快选定路线，开始跑吧！

本章教你

- 十条越野跑推荐路线
- 郊山与高山的越野路线各有何特色？
- 如何事前了解路况？
- 规划路线的原则是什么？

越野路线的安排

不管是安排郊山的越野路线或是高山百岳的越野路线，事前的准备工作基本上都是大同小异的，最后才会根据路线的长短而在装备上有所调整，准备规划一条路线，不外乎注意人、事、时、地、物，这五类也是所有户外活动的准备重点，五个要点缺一不可，分进合击，要能整合并非单一去看。

人 不同赛程的队员选择

人是重要的一环，如果是安排中级的越野路线，或是高难度的越野跑山，挑选队员就是很关键的事情，在入门级的郊山越野路线上，秉持着推广运动的宗旨，只要成员能够备齐装备，具有基本的运动习惯，让越多人认识越野这种运动，何乐而不为？

中级以上的路线，就需要在人员选择上有所要求，例如一定的体能、携带适当的装备、越野观念的建立等，这关系到一支好的越野团队能否成功，所以我在选择队员上面，首先重视体能，而体能的依据多半就是马拉松比赛的成绩，这也是多数人再做一个初步评断运动能力的依据，另外参加越野赛事的经验，甚至得奖次数作为辅助依据。记得我去大陆参加越野赛的时候，比赛简章有一条规定就是；需要检查最近半年的健康检查表以及参赛经验成绩证明的复印件，才能完成比赛报到，领取参赛号码布，这属于选手查验上比较严谨的做法。

事 详尽了解越野路况

这件事常常被忽略，不论是比赛或是跟团越野，事前的准备工作包含对路线的熟悉度、高度图，以及后续会提到的“时”、“地”，这些都是相辅相成的工作。

但首先，要跑一条路线，一定要先了解路线的状况、距离长短、爬升高度。而距离是大家都不会忽略的环节，亦是多数人评断该路线难易的一个初步指标，例如 100 公里的越野赛，很多人对百公里就可能望而却步，也许是本身连一般公路的百公里赛都没有参加过，或是自身的训练量根本未达到跑 100 公里的能力……。而这些都是很主观的想法，我觉得最重要的因

素在于选手能了解本身的运动能力及训练目标，经过一段时间的规律训练，才有机会完成超长距离的越野赛。

另外一个常常被忽略的事情就是“爬升高度”，这在马拉松比赛中不常见。一般越野赛事的距离约在 10 ～ 20 公里，也是大家所认知的半马之内的距离，似乎撑一下就跑完了，或本来就习惯在河滨长跑的人，会以为换到越野路线应该差不多，殊不知跑越野的 20 公里，就可能花费比跑全马还要多的时间及体力，最大的差别在于路线的难度，从水平的长度变成垂直的高度，这种重大转变就是许多人无法适应之处。所以每次在准备一条越野路线的时候，绝对不能轻易忽视高度图，即便是只有 10 公里的越野赛也有可能爬升超过 1000 米的高度，而高度的改变就会影响到装备及体力的调节。

时 考虑季节变化与赛程时间

通常，我们都已习惯，随着气候变化而有春、夏、秋、冬的景象，这分明的四季也会使越野跑的准备工作有所差异，最大的不同就是服装上的穿搭，依照我过去几年的经验，除了冬季以外的其他季节，维持一般的运动服装即可。所谓的一般的运动服装，就是习惯穿短袖的维持短袖，喜欢长压缩衣裤的就维持长袖，而冬季的话，我倾向以长袖、长裤为主，因为整个环境是属于比较低温的状态，当越野跑者感到比较疲累之际，会从跑步改为缓慢步行，这时候若保暖不够，就容易流失体温而感到身体不适。

季节之外，另外一个考虑点就是时间，何谓时间，尤其越野跑的时间，可不是只有大家所想的白天或是早上，如先前所说的 100 公里越野赛，就非常有可能跑到晚上甚至是半夜，或是由夜间出发开始的比赛。之前我去日本参加 100 公里越野赛就是晚上 12 点开赛，加上纬度又偏高一些，还没出发就已经感觉到凉凉的天气，由此可知，一定要准备至少一套长袖的运动服装，才能应付多变的季节或时间。还有不论参加越野赛或是

团练活动，建议背包内始终都要放一件轻量化的口袋风衣，这种类型的风衣不但轻薄且收纳体积小，应付突变的天气十分好用。

地 充分掌握地形、地点信息

所谓的“地”，就是指路线，无疑是越野跑跟其他运动最大的不同，这里可以区分为“地形”及 “地区”来说明。

所谓地区，台湾虽然是小小的岛屿型地区，但北、中、南、东四个区域所呈现出来的越野地点都各具特色，例如：森林公园内多半步道系统完善、路径明显；合欢山区则是高海拔的越野环境；中级山区又可能是路径错综复杂的原始林相。因此在进入山野前，需要针对不同地区而做不同的准备。

就地形来说，攀爬地形、拉绳区、草丛或竹林等，这些先前提到的地形，都会影响着越野的行进速度。就安排地区来看，是否为人工设施多的石阶步道，或是天然的登山山径，可以从登山记录中，收集山径信息，包含危险地形或岔路口，事前多一分准备，可增加安全性。

此外，地形还包含了一个重要因素，就是“爬升高度”，这是越野跑和一般路跑最大的差别。越野跑的爬升幅度大小及路面崎岖程度，都会影响跑步速度，因此，要从地形、爬升高度来推估越野跑的活动时间，才会比较精确。

物 携带适当的装备

综观上面四项因素，最后的“物”就是所谓的装备，前提要件，不论距离长短及地形难易度，我都建议要携带越野背包，一个背包在身上，可以携带许多装备或是水。不要忽视任何一条简单的路线，因为山区不是我们平常生活熟悉的地方，多一分准备就多一分安全，所以越野背包内的基本装备就是水、口袋风衣、手机、食物，其次再依照不同的路线长短或是季节来增加装备，例如头灯、午餐、雨衣、简易医药包等。可以依照第三章的“越野装备篇”的装备分级表，来选择适合所跑路线，以及符合个人需求的装备。

郊山轻越野路线

所谓郊山轻越野，可定义为城市附近的山区，海拔高度约2000 米以下，交通时间可能在一两小时内可以往返，通常有维护机制，保持路况的良好。

以台北市来说，阳明山区、观音山区、四兽山区、猫空山区等地方都是郊山轻越野路线的好选择。

要选择一条好的郊山路线，可以依照上述的人、事、时、地、物的法则来寻找适合的路线，而全台各区近郊的登山路线，不仅网络上都可以搜寻到相关资料，还有照片可以辅助确认，实际路线上也有明显的路牌指引，有区域地图可以观看，就我个人多次的越野经验来看，郊山越野只要做好事前的准备，人

人都可以轻松完成。

如果要我来推荐，以台北市来说阳明山区为第一首选，因为阳明山的步道系统发达，要跑长可长，要跑短可短，加上距离市区近，大众运输交通便利，上山、下山都方便，进可攻、退可守，平时假日不分时段都有许多游客及山友，符合许多安全的考虑。

高山越野路线

高山越野，可定义为需要申请入山证的区域，这类地区海拔通常超过 2500 米以上，人烟稀少，林相原始，交通距离也较为不方便，但是路线精彩、丰富又原始，对于资深越野爱好者来说，这才是越野啊！

与郊山越野不同的高山越野，可不是说出发就可以马上出发的，必须要先做好事前的准备工作，这些事前工作可能要提前到一个月以上，例如入山证的申请，至少要一周前上网申请入山许可证，另外包含路线的研读、收集资料和照片、越野距离的长短、行程花费时间的预估、配合季节及天气状况所要携带的越野装备等。高山越野的路线上没有太多人工化的设施，所有的路线必须先做一次事前研拟，从行进速度、预计地停留点，午餐的地点、延误的应变计划、人员的分配计划等都非常重要。

十大入门越野路线

台湾地区有超过一半以上的面积都属于山林地，因此台湾是个极容易发展越野入门的环境，可以在短时间内就从海拔 100 米到海拔 3000 米，一天可以感受各种不同的越野环境，因此经过三四年的越野跑山经验下来，阿虎队长整理出几条跑过之后，印象比较深刻，且有特色的越野路线来跟大家分享：

- **第一条：**大屯群峰
- **第二条：**涓丝瀑布上擎天岗草原
- **第三条：**观音山环形步道
- **第四条：**树林大同山
- **第五条：**烘炉地天上山
- **第六条：**霞喀罗古道
- **第七条：**松罗湖
- **第八条：**奇莱南华（能高越岭古道西段）
- **第九条：**合欢西北峰
- **第十条：**雪山

当然选出的十条路线并不是绝对或唯一的，而是挑出一些容易入门的路线来，让大家可以循此方式去选择，且一起踏入越野的世界。

越野跑推荐路线 1

大屯群峰

同属于阳明山森林公园，与七星山并立在国家森林公园内的两大山系，其登山步道较为原始，吸引较多山友造访。大屯山群峰主要山头包含大屯主山，大屯西峰、大屯南峰、面天山、向天山等，而大屯山最为著名的便是大屯夕照、大屯云海，每每天空出大景，大屯山助航站道路上便会吸引大批摄影爱好者。

资讯

位置：台北市、阳明山森林公园
全长：单程距离约6公里，回来12公里
时间：约2～3小时
海拔：465～1092米，落差达627米
分类：公园步道、泥土山径
难易度：★

路线图

路线说明

这条路线有多个出入口，包含淡水兴福寮登山口、北投清天宫、大屯自然公园、二子坪游客中心，大多数人应该还是从北投清天宫出发，一出发便是阶梯向上，到达面天坪之后可以先取左，往向天池、向天山、面天山绕一圈，回到面天坪转往右边的大屯西峰、南峰拉绳攀上，最后登上大屯山主峰，再循石阶步道回到二子坪公园，可由二子坪站搭公交车下山，或是健脚级跑友可再循原路下山回到北投清天宫。

交通

- 北投客运站可搭小 6 路公交车抵达“清天宫站”，从早上 5:40 到晚上 23:00 车次很多。自行开车也可以，北投复兴三路 520 巷底，就是清天宫。
- 二子坪登山口可以搭乘 108 路游园公交车。

行程资讯

清天宫登山口—0.4K—三圣宫—1K—面天坪—向天池—向天山（949m）—面天山（977m）—0.6K—大屯西峰（982m）—0.93K—大屯南峰（957m）—1.57K—大屯主峰（1092m）—0.9K—百拉卡鞍部登山口—二子坪游客服务站

绢丝瀑布上擎天岗草原

绢丝瀑布属于擎天岗步道系统的一条支线，位于菁山路101巷的步道口，一路缓上的路线约2.2公里即可到达擎天岗游客中心。擎天岗环形步道，一圈约2.4公里，环顾草原，不时还有野生水牛在一旁，这里是台北近郊中最容易到达的山区，天气晴朗时，可瞭望辽阔草原，也吸引了众多游客前往。

资讯

位置：台北市、阳明山森林公园、菁山街101巷与新园街口
全长：单程约6.4公里
时间：约2小时
海拔：560～757米
分类：公园步道
难易度：★

路线图

路线说明

属于擎天岗系的步道系统，路线四通八达，可长可短，规划越野跑的路线可从绢丝瀑布步道入口往上前进，再绕行擎天岗环形步道一圈，可以通往风柜嘴（风柜口），亦可以走鱼路古道（金包里大路）下八烟聚落，更可以循冷擎步道 1.8 公里抵达冷水坑游客中心等方向。如按照原定路线绢丝线加上环形步道大约 7 公里，脚程快一些的人大约 1 小时左右可以完成，若是跑跑走走，也可以在 1.5 小时完成此路线。由于这也是适合全家大小的登山健行路线，进行越野跑的过程，须留意健行民众出现。

交通

- 步道入口在菁山路 101 巷和新园街交叉口，除了自行开车外，亦可以搭乘小 15 路公交车到登山口。

行程资讯

绢丝瀑布站（登山口）—绢丝瀑布擎天岗游客服务站—金包里大路城门（擎天岗城门）—碉堡（环形步道最高点）—阳明山牧场教育解说中心—菁山吊桥—冷水坑游客服务站

越野跑推荐路线 3

观音山环形步道

观音山风景区，不论平日还是假日，整个山区都有不少的游客或是山友，算是新北市著名的景点，观音山风景区跟阳明山一样有许多的步道系统，同样错综发达，是北部民众热爱的山区，登高望远，还能眺望淡水河出海口及关渡大桥等。

资讯

位置：新北市五股区、八里区
全长：约8公里
时间：约2小时
海拔：300～616米
分类：人工步道、泥土山径
难易度：★

路线图

路线说明

观音山主要有六条步道系统，这次推荐的环观音山硬汉岭的北横古道，可以从凌云寺停车场集合出发，爬上占山步道后，接上往北横古道的入口，正式进入观音山的原始山径，只有原始土路，除部分危险的地方有架设绳索之外，没有多余的人造设施。北横古道一共分为五段，正好可以环绕硬汉岭一周，是条入门山径越野的好路线，常有陡上陡下地形，也有拉绳地区、石阶梯和泥土山径，适合越野跑者当作自我训练的场地。

交通

- 开车可以走 64 快速道路，下观音山交流道，就接上凌云路。
- 开车走平面道路可以到五股成泰路后，转凌云路便可上山。
- 搭大众运输，可搭三重客运“北门—观音山”或是橘 20 路公交车，终点站“开山凌云寺站”下车。

行程资讯

凌云禅寺—占山步道—盘丝亭—北横古道一段入口—北横古道二段入口—北横古道三段入口—北横古道四段入口—北横古道五段入口—三五八路—第四加压站—硬汉岭（616m）—硬汉岭路—凌云禅寺

越野跑推荐路线4

树林大同山

树林的大同山青龙岭，山势不高，海拔仅仅两百多米，却是树林地区民众运动休闲的好地方，被称为树林的后花园，更是赏夜景的绝佳地点，因此衍生出不少山径步道，一路可以通到大栋山、莺歌石等区域，且又邻近火车站，交通便利。

资讯

位置：新北市树林区、保安街二段
全长：单程5公里，来回10公里
时间：2～3小时
海拔：200～405米
分类：泥土山径
难易度：★

路线图

路线说明

大同山—青龙岭—大栋山，一路连走，可以直接从树林火车站集合出发，循小路来到南寮福德宫，接上登山步道就可以通往青龙岭的观景台，沿途指示牌明确，循指示牌方向即可往大栋山方向前进，全程五六公里，土路、步道交错，可以作为入门山径的训练场所，来回总长约 12 公里，两个小时左右的时间。

交通

- 建议搭火车到“树林火车站”，十分方便，步出树林车站后站，穿越中山路直走树德街，走到路尽头遇到排水沟就左转续行，登山口就在大安路 312 巷口。
- 自行开车可以导航“树人家商”或是“南寮福德宫”，附近都可停车。

行程资讯

树林车站—南寮福德宫—大同山（237m）—青龙岭观景台—青龙岭（256m）—青龙亭—大栋山（405m）

越野跑推荐路线 5

烘炉地天上山

烘炉地天上山棱线，这是一条位在市区的棱线，属于A进B出的路线，沿棱线山头林立，包括五尖山、文笔山、五城山、青春岭等，也是中和土城一带民众登山健步的好路线之一，每个山头附近都会有不同的特色，且可眺望新店区、土城区等地，非常值得一访。

资讯

位置：新北市中和区、土城区
全长：单程6.5公里，来回13公里
时间：3～4小时
海拔：295～430米
分类：泥土山径、人工步道
难易度：★

路线图

路线说明

烘炉地天上山棱线，路线比较复杂，通常是从中和烘炉地上山，也就是由中和的方向往土城的方向行走，登山口就在土地公庙后方的阶梯小径进入，可以循棱线往土城天上山。沿途路牌指示明确，依序经过南势角山、五尖山、文笔山、五城山，到天上山等五座山头，各有其独特处，值得探访，且有多条山径延伸下山，路线可长可短，是条不可多得的路线。

交通

- 自行开车可以由中和交流道下，右转中正路前行到南山路右转，再接兴南路直行即可抵达烘炉地。
- 大众运输可以搭持联营公交车 249 路、809 路到“烘炉地站”下车，再沿登山步道步行上山。
- 南势角客运站搭乘公交车“自强中学—烘炉地”，于山顶烘炉地停车场下车，沿登山步道步行约 100 米。

行程资讯

南势角客运站—烘炉地登山口—光明顶→新乐园—青春岭—彩蝶小区—五尖山（310m）—文笔山（295m）—五城山（410m）—天上山（430m）—承天禅寺

越野跑 推荐路线 6

霞喀罗古道

霞喀罗古道跨越在新竹县尖石乡及五峰乡，是早期当地部落对外联络的交通要道，至今仍留有许多历史遗址，也是登山界当中一条著名的古道路线，特别是每年入秋之后，满山满谷的枫树林，是知名的赏枫景点。

资讯

位置：新竹县尖石乡、五峰乡
全长：约23公里
时间：6～8小时
海拔：1500～2332米
分类：步道、古道
难易度：★★

（注：目前霞喀罗古道有多处塌方，出发前请先确实查询古道状况）

路线图

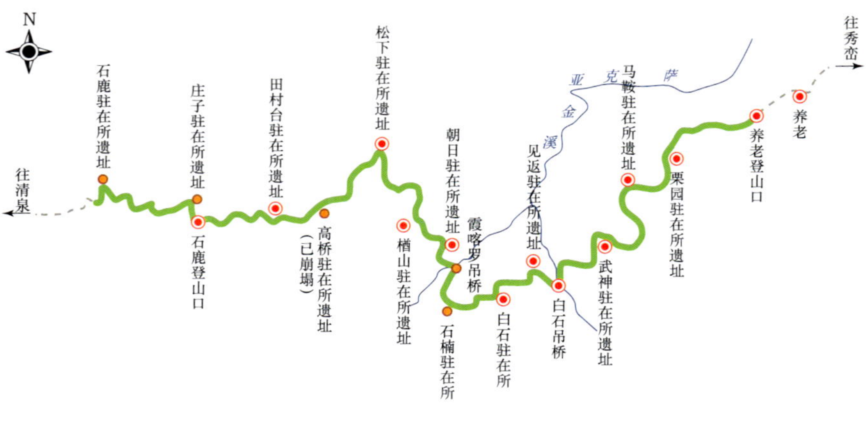

路线说明

霞喀罗古道全程约 23 公里，但因为台风的侵袭，时常多处呈现崩塌，入山前最好先查询有关部门公告的霞喀罗古道开放状况。此路线有两个登山口：一是从养老端入山，另一是从清泉端入山，若是单纯赏枫路线，建议可以从养老端入山，栗园、马鞍驻在所到白石吊桥都是枫树林密布，入秋后枫叶转红甚是好看。除了要留意路况外，也要安排好交通，才能一次欣赏完整条古道。两端虽然只有 23 公里之长，开车却要将近四个小时的车程时间，才能到另外一端，若是安排好两端的接驳，需要健脚级的山友或是跑友才有机会走完全程。

交通

- 开车路线：养老端可以从竹林交流道下接 120 线道往内湾、尖石乡，右转尖石大桥，接竹 60 乡道往秀峦，过秀峦检查哨后，注意岔路口有路牌指示右转往养老，续行约 8 公里即可抵达霞喀罗古道养老端登山口。
- 开车路线：清泉端可以经竹东街上竹 122 县道到清泉，清泉接石鹿林道到达登山口。

行程资讯

养老登山口—3.7K—栗园驻在所遗址—1.4K—马鞍驻在所遗址—2.1K—武神驻在所遗址—1K—白石吊桥—0.6K—见返驻在所遗址—1.2K—白石驻在所—石楠驻在所—霞喀罗吊桥—3.6K—朝日驻在所遗址—1.7K—楢山驻在所遗址—1.7K—松下驻在所遗址—高桥驻在所遗址（已崩塌）—3.9K—田村台驻在所遗址—1.3K—石鹿登山口—庄子驻在所遗址—石鹿驻在所遗址

越野跑推荐路线 7

松罗湖

松罗湖（或松萝湖）位于雪山尾棱的区域，是南势溪的源头，海拔大约1300米，但是三面环绕着高山，地理位置十分隐秘，也因为环境关系所以经常蒙上一层薄雾，有着云雾缭绕的梦幻，所以当年被发现的时候就被冠上“十七岁之湖”的称号。

资讯

位置：宜兰县大同乡玉兰村
全长：单程6公里，来回12公里
时间：6小时
海拔：680～1230米
分类：中级山、原始山径
难易度：★★

路线图

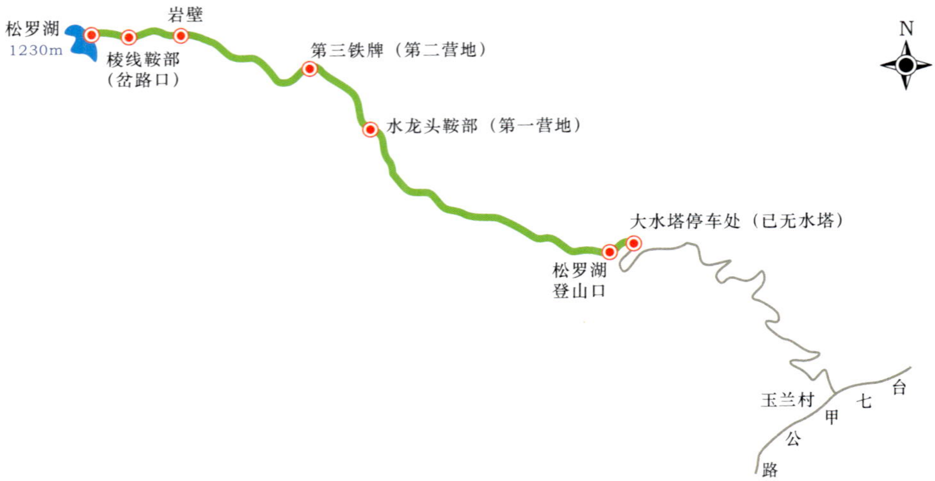

路线说明

虽然松罗湖的地理位置属于新北市，登山口却是在宜兰县大同乡，是典型的中级山路线，大约 6 公里的距离，全程都是原始泥土山径。因为天候影响经常是泥泞地面为主，且爬升高度超过 500 米，部分路段落差大，去程即消耗大量体力，回程全段下坡，若股四头肌肌力不足的人，往往走到膝盖酸痛，算是稍具难度的入门路线。

交通

自行开车往宜兰大同乡，在台七线 99.9 公里处转进产业道路，循着指标往玉兰茶园的方向上去，过了玉兰茶园续行有往松罗湖的指示牌，车行到大水塔停车，即可看到登山口。

行程资讯

大水塔停车处（已无水塔）（675m）—松罗湖登山口（680m）—水龙头鞍部（第一营地）（875m）—第三铁牌（第二营地）（1020m）—岩壁—棱线鞍部（岔路口）（1310m）—松罗湖（1230m）

奇莱南华（能高越岭古道西段）

奇莱南华就是能高越岭古道的西段，前面的13公里都是古道路线，原是泰雅原住民赛德克亚族的迁徙和交通贸易的联络道，由于古道全程将近30公里，且东端出去还有近30公里的产业道路，所以后期许多山友都是安排两天一夜的能高越岭古道，西段顺捡两颗百岳的路线，这也是高山越野当中最入门的路线之一。

资讯

位置：南投县仁爱乡
全长：26～30公里
时间：10小时
海拔：2013～3358米
分类：步道、古道、百岳、高山路径
难易度：★★

路线图

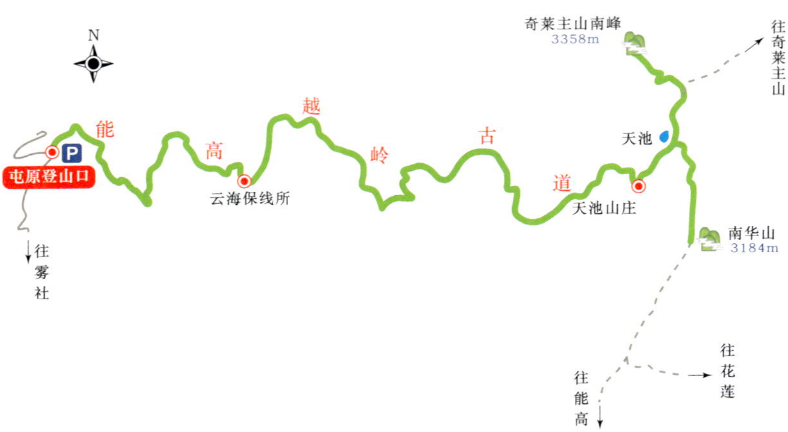

路线说明

初级跑者可以沿着能高越岭古道的西段，来回天池山庄，单程 13 公里即可抵达，沿途古道路线路迹明显，坡度缓慢上升，相较于其他山径，除了几处有崩塌外，可说是康庄大道。中级跑者则可到天池再循指标，前往奇莱南峰和南华山两座百岳，若还有余力可以继续加码别处。初级跑者来回全程达 26 公里，中级跑者更是超过 30 公里以上的越野距离，整体而言，虽然距离较长，但路况佳，算是进入高山越野跑的首选。

交通

- 开车路线：六号公路往埔里端终点，左转接台 14 县道，过雾社后，持续走台 14 到 99 公里的道路终点，就会接上屯原产业道路，登山口设有停车场，沿途也有指示牌往屯原登山口。

行程资讯

屯原登山口（2013m）—4.5K—云海保线所（2360m）—8.6K—天池山庄（2860m）—1K—天池（3080m）—奇莱主山南峰（3358m）—南华山（3184m）

越野跑推荐路线 9

合欢山西北峰

说到高山越野就不能不提这条大众化越野路线，因为路线清楚，交通便利，所以是许多人的第一条高山越野路线——合欢西北峰，山区视野辽阔，一片翠绿，还能眺望中央山脉棱线。若是认真训练，且周详规划来挑战此路线应该不成问题，如果行有余力还可以走一下合欢山及东峰和石门山。

资讯

位置：太鲁阁森林公园、合欢山系、台14甲36.7公里
全长：单程6.7公里，来回13.4公里
时间：7～9小时
海拔：2995～3422米
分类：百岳、高山路径
难易度：★★

路线图

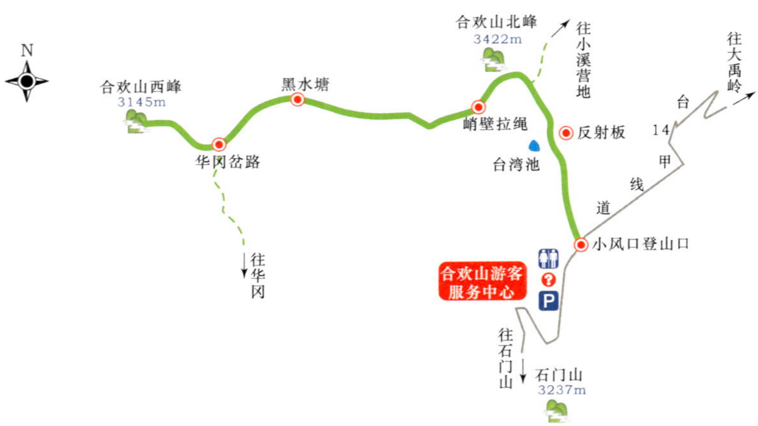

路线说明

合欢西北峰，最常走的就是从小风口登山口上山，上到北峰之前的 2.2 公里几乎都是陡上，算是比较累人的一段路，北峰到西峰则有 4.5 公里，单程大约 6.7 公里，因此来回就有 13 公里多，距离虽然还不算长，但是沿途上上下下 6 个山头，来回走一趟就要上下 12 个山头，所以细数合欢西北峰也绝非第一轻松的路线，上山前还是要先做好准备，包含体能训练、齐全装备、周详的行程规划。

交通

开车路线，六号公路往埔里端终点，左转接台 14 县道，过雾社后，取左台 14 甲，经过昆阳可到武岭，登山口在台 14 甲县道 36.7 公里，靠近小风口。

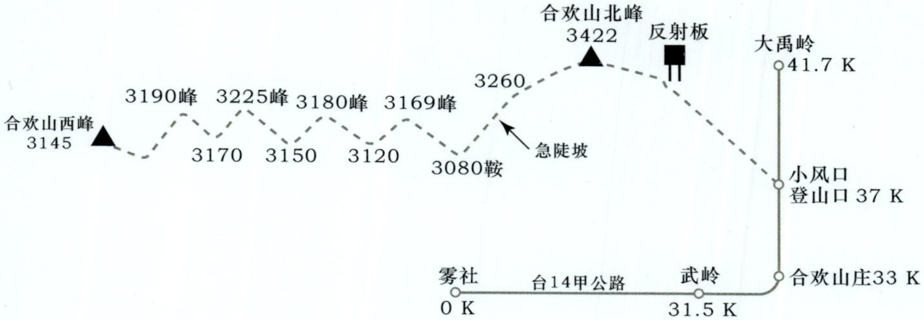

行程资讯

小风口登山口—反射板—合欢山北峰（3422m）—峭壁拉绳—黑水塘—华冈岔路—合欢山西峰（3145m）

越野跑推荐路线10

雪山主东峰

雪山主峰是近年来仅次于玉山主峰外，最多人攀登的山头，原因无他，就是申请容易、交通便利，加上又是台湾地区第二高峰，全程10.9公里可以登顶，一年四季都适合攀登，四季景色变异各有千秋，非常值得一登。

资讯

位置：台中市与苗栗县的市县界上，地处雪霸森林公园境内
全长：约10.9公里，来回22公里
时间：6～8小时
海拔：登山口2310米，雪山主峰标高3886米，落差高达1500米
分类：台湾五岳、百岳、高山路径
难易度：★★★

路线图

路线说明

从雪山登山口出发，一路往上攀登，每 100 米就会有一个里程牌木桩，登山口海拔约 2400 米，11 公里山径爬升将近 1500 米，海拔一直增加，空气相对稀薄，对跑者极具挑战。途中会经过两个难关：其一是哭坡，大约 300 米的距离，是准备突破海拔 3000 米的地点；其二是雪山圈谷，离雪山顶仅 1 公里，但这 1 公里可能是人生中跑得最慢的一次，因为海拔超过 3600 米，加上先前已跑了 10 公里的高山越野。对跑者而言，登顶前的最后 1 公里，是体力及意志力的终极考验，登顶完还有 11 公里要下山，再次考验着越野跑者的大腿肌力。

交通

- 乘车信息：宜兰客运可以从宜兰火车站旁的总站搭乘，乘车时间大约 3 小时，车资 285 元台币，咨询电话 039-384171。
- 开车路线：从台北出发走三号公路经过雪山隧道下宜兰交流道，经员山乡，往宜兰大同乡中横宜兰支线台七甲，到武陵农场。

行程资讯

雪山登山口（2310m）—2K—七卡山庄（2463m）—2K—哭坡景观台（3050m）—0.2K—哭坡（3120m）—0.9K—雪山东峰（3201m）—2K—三六九山庄（3100m）—0.7K—黑森林（3270m）—0.8K—水源地（3550m）—1.2 K—圈谷（3650m）—1.1K—雪山主峰（3886m）

特别篇

极限高山越野跑

提到越野跑，就不能不提到台湾高山的越野活动，台湾因为地理位置以及地形、地质的特殊性，中心山脉由北到南纵贯长达 340 公里之长，山峦绵亘，群山林立，可以从海平面拉升到 3952 米之高的玉山主峰（东北亚最高峰），造就了山高水深、落差极大的山野环境，加上纬度趋近亚热带，及海拔高低差的关系，进而形成热带、亚热带、温带、寒带等景观，孕育出许多特有的动植物。所以，台湾地区虽小却变化万千，是个小而美的世界，海拔 1000 米有 1000 米的地质景观，海拔 2000 米有 2000 米的林相特色，海拔 3000 米有 3000 米的气候地理特殊性，身在这个小岛上的我们，真的感受到幸福。

由于台湾地区高山的特殊性，登山活动一直是人们热衷的户外活动，但也是风险相当高的一种运动。在准备一个登山行程的时候，几乎都需要一个月以上的准备期，包括体能的训练

及调整、装备的采购及使用、登山知识的涉猎等，所以真正的登山并没有这么简单，大自然就是我们最好的老师，在大自然面前要学习谦卑，如果没有做好事前的准备工作，大自然未必会让我们轻易地接近。

高山越野的行前准备

过去几年，我都会邀约越野同好一起来参与高山越野跑的活动，几次活动下来，渐渐拟出了一套模式，准备的方式不外

乎要导入许多登山的观念。因为登山活动本身就有其风险性，如果加上高山越野跑的速度，肯定是更高风险的山野活动，不论是比赛或是自组团练跑，一定要有周详的计划。特别是自组团练跑，少了工作人员从旁协助，没有主办单位的路线指引，更需要事前制定翔实的规划。

准备高山越野时，第一点要强调的就是“体能”。

体能必须具有一定基础，这是一切户外冒险运动的根本，而体能的强弱很难用量化数据来表达，所以比赛成绩就是具体可参考的依据，如同我去大陆参加户外越野赛事的时候，不论是100公里组或是50公里组都要出示过去比赛成绩的证明复印件，比赛证明当然也要符合与越野活动相关标准，或是以超级马拉松赛、超级铁人三项等高难度赛事为依据，用这些成绩证明，表示你有基本的体能来面对长距

离越野赛事。当我邀约越野同好时也是如此考虑，例如马拉松成绩要有四小时内或是更好的成绩，或是著名越野赛事能够得名上台等，用此作为挑选越野队友的依据之一。

第二点是越野装备的准备。

这一点常被轻易忽视掉，例如用跑鞋取代越野鞋、用简易背包取代越野背包等，其实，装备的适宜度在山区活动突然发生变化时，会有显著性的影响。许多长距离越野比赛，主办单位都会要求选手携带所谓的“强制装备”，会因应赛事内容规范强制携带的装备，而且会不定时检查装备。就像登山过程一样，当天气风和日丽、晴空万里的时候，穿戴什么装备好像都能顺利完成行程，但是万一天气遽变，下雨或下雪，原本的装备是否能够抵抗恶劣的天气？因此在高山越野跑活动中，若没有主办单位的强制要求，也没有补给站的工作人员协助，一切都需要自行打理的情况下，许多强制装备就是不可缺少的，也是从事高山越野活动时，不可忽视的重点。

最后是行程内容及“折返时间点”。

根据我对山区的了解、

对路线的掌握，目前都会以一般登山活动三天以内的行程，作为高山极限越野跑的行程设定，例如过去已经完成的高山越野路线，能高越岭古道65公里，一日嘉明湖来回约七小时，奇莱主北峰十小时内完成，雪山主东峰、南湖大山等路线。安排设计好路线，也需要跟登山一样，要有应变处理和设定折返时间点，基本上遇到下雨就是毫不犹豫地直接撤退，我个人非常重视且会强烈要求队友们，一定要遵守“折返时间点”。

例如在单攻南湖大山的经验里，前队攻顶先锋队因故耽搁了将近半小时，后来下山就摸黑到晚上七点才自登山口出来，晚上摸黑相对速度就会变慢，还好每位队员的体能充沛，装备携带齐全（包括补给品食物、头灯等），即便天黑了也有头灯可以照明应用，顺利回到登山口。还有一次在单攻奇莱主北的时候，也是队友速度严重落后，在山顶等待到“折返时间”已经到了才登顶，耽搁了一会儿才折返下山，奇莱山区天气变化多端，素有“黑色奇莱”的称号，那一次我们也见识到山区变天的速度跟翻书一样快，前一刻还是晴空万里，后一秒强风一吹立刻乌云密布，不用半小时已经伸手不见五指，只能缓慢循着山径及路标指引前行。此外，我必会在每次活动之前，再三反复说明行程规划，例如几公里处有山屋，跑多长时间会遇到什么景物，全程路线会描述一次，并再次重申折返时间，请大家务必遵守，个人身上装备也再次盘点。

综观以上三点，要进入高山越野跑，请先做好准备，如果没有优秀的体能，可以多花点时间自我训练，或是请专业教练指导，提升自我能力才能在户外自我保护，再者带齐高山越野装备，准备好自己的装备就是对自己负责。最后在出发前一定要做功课，不论是领队告知的山野信息或是自行上网搜集数据都要详读，了解行程才知道行程的难易度及评估风险，有一句话这么说：“撤退比前进需要更大的勇气”。山，永远在那，千万不要因为一时的大意，而失去了再次爬山、跑山的机会，只要从事户外山野活动都要谨记这一点，唯有周全的准备才能让自己全身而退，能够平安回到家的人才是真正的赢家。

附录：世界经典越野赛事介绍

环白朗峰极限越野超级马拉松

Ultra-Trail du Mont-Blanc, UTMB

地点：法国阿尔卑斯山举行

举办时间：每年8月

首届比赛：2003年

■比赛里程

●UTMB（Ultra-Trail du Mont-Blanc）距离：168公里，累计爬升：9600米，关门时间：46 小时，参加人数：2300 名

●TDS（Sur les Traces des Ducs de Savoie）距离：119公里，累计爬升：7250米，关门时间：33 小时，参加人数：1600 名

●CCC（Courmayeur Champex Chamonix）距离：101公里，累计爬升：6100米，关门时间：26.5 小时，参加人数：1900 名

●OCC（Orsières Champex Chamonix）距离：53公里，累计爬升：3300米，关门时间：14 小时，参加人数：1200 名

●PTL（la Petite Trotte à Léon） 距离：300公里，累计爬升：26000米，关门时间：142 小时

※参加人数：100 队，每队2～3 名，累计250 名。以团队形式参赛PTL组也被称为里昂长征，不排名次

●官网：www.ultratrailmb.com / en

■简介

关于法国环白朗峰极限越野超级马拉松（简称UTMB），赛道长168公里，横跨意大利、瑞士、法国等三国多个高峰，累积攀升高度达9800米，选手必须在46小时内完成，这期间还可能要面对风雪、暴雨等恶劣天气，对参赛者的体能要求极高。2009年起，导入积分制度，实行预先报名抽签，所有报名选手皆须通过资格审核才可参赛。至2010年起全世界约莫共有7000名参赛者于意大利库马耶尔（Courmayeur）起跑，经过瑞士瓦莱州（Champex）再跑进法国霞慕尼（Chamonix），被认为是欧洲最难的越野跑赛事之一，2015年报名人数累计近16000人，也是非常具有指标性的知名赛事。

UTMB规定，2015年时，需要2年内参加3场比赛取得8分积分，2016年则要2年内参加3场比赛取得9分积分，而在2017年将全面改为新积分制度，三场比赛取得15分积分（当然原本的积分计算方式也会有所改变），例如：CCC / TDS赛事：1～2 个比赛内获得3 分（或7个新积分）；OCC：只要1 分（或3个新积分）。

环富士山超级越野赛

Ultra-Trail Mt. FUJI, UTMF

地点：日本

举办时间：2015年改为9月

首届比赛：2012年

■比赛里程

●UTMF（Ultra-Trail Mt. FUJI）总距离168公里，总爬升9500米，关门时间46小时

●STY（Shizuoka to Yamanashi）总距离88公里，总爬升4700米，关门时间24小时

●官网：www.ultratrailmtfuji.com / en

■简介

环富士山超级越野赛（简称UTMF），是UTMT（超级越野跑世界巡回赛）其中一站，与UTMB（环白朗峰极限越野超级马拉松）齐名，赛事总监是日本籍越野跑者镝木毅，以全地形跑道、优美的风景和随处可见的古迹寺庙著称，分为环富士山一周的“UTMF”和环富士山半圈的“STY”。

赛事主要目的是鼓励人们探索自己精神和身体的极限，学习尊重自然，并且分享跑步经验和快乐。赛事的起终点都设在山梨县的河口湖，参赛者可以360度全方位欣赏富士山令人震撼的山岳美景，更能体会富士山区域悠久的历史和人文景观。

香港100越野赛

Vibram Hong Kong100 Ultra Trail Race, HK 100

地点：中国香港地区西贡半岛

举办时间：每年1月

首届比赛：2011年

■比赛里程

●100公里

●官网：www.vibramhk100.com

■简介

香港100越野赛（简称HK 100）是一场极具考验耐力的越野赛事。比赛起点为西贡半岛北潭涌，沿途经过多个风景区，包括渺无人烟、水清沙幼的海滩、古木树林、原始山径、水塘和陡险山径等。整个赛道以“麦理浩径”为主线，并特意安排若干风景优美的分岔路线，让跑者在竞赛之余，还能体验美不胜收的如画风光。终段从香港最高峰的大帽山沿路而下，整段路程累积爬升超过4500米，参赛者必须于30小时内完成。

硬石100

Hardrock 100

地点：美国科罗拉多州圣胡安区（**Silverton, Colorado**）

举办时间：每年7月中旬

首届比赛：1992年

■比赛里程

●100英里，平均海拔3400米以上，关门时间48小时

●官网：hardrock100.com

■简介

有美国最困难越野赛之称的硬石100，属于高海拔山地越野赛，一直以来也是许多越野高手必须挑战的一场赛事，全程需要通过13座海拔超过3700米的山峰，最高点为海拔4281米的Handies峰。由于比赛困难度高、距离长、天气多变等不稳定因素，所以每年路线都会有所不同，除此之外，硬石的赛道设计精神就是要展示圣胡安地区过去的辉煌（追逐自由及财富的梦想），通过难度极高的路线，让人真正感受到追逐梦想的伟大力量。

马来西亚沙巴神山攀登比赛

Mt. Kinabalu International Climbathon

地点：马来西亚

举办时间：每年8～10月

首届比赛：1987年

■比赛里程

●Summit Race总距离33公里

●Adventure Race总距离23公里

●官网：www.climbathon.my

■简介

神山位于马来西亚婆罗洲沙巴，海拔标高4095米，是东南亚第一高山。一向以热带生态著名，加上海拔高度够，整个岩石外露的峰顶与一望无际的花岗岩地质，十分特别，平时就很受登山人的喜爱。神山马拉松，虽未达马拉松标准距离，但参赛者须与时间挑战，且要拥有极佳体能，能承受急速的气压变化产生的高山反应，在数小时之内克服总长33公里的长途跋涉，且其中10公里的路程有着近1600米的海拔差异，也是非常知名的高难度赛程。

特别介绍

Sky Running系列赛

●官网：**www.skyrunning.com**

简介：

20世纪90年代初期，意大利登山家Marino Giacometti，带领着一队先锋登山者，在白朗峰和罗莎峰地区创造了许多快速登顶纪录，在当时著名运动品牌FILA的支持下，这种新型运动形式迅速传遍全球，Giacometti将此运动形式命名为“Sky Running”（天空跑）。

时至今日，Sky Running在超过50个国家设有200多场系列赛事，成为每年参与人次超过3万次的超大赛事品牌，在独立的非政府组织ISF（国际竞速登山联盟，International Skyrunning Federation）的监管下，俨然成为跑步独立王国，甚至不为世界田联（IAAF）管制。

赛事体系：

整个Sky Running包括覆盖世界的Sky Runner世界系列赛以及Sky Running区域锦标赛，和以国家为单位的Sky Runner国家系列赛和Sky Running爬楼世界巡回赛。

Sky Runner世界系列赛

系列赛分为SKY、ULTRA、VK共3个级别。

【SKY级别】

Matterhorn Ultraks（马特洪峰天空赛）

●**比赛地点：**瑞士策马特

●**首届比赛：**2012年

●**举办时间：**每年8月

●**比赛里程：**46公里，路线海拔最高点为3130米，累计海拔爬升3600米。马特洪峰是阿尔卑斯山脉最著名山峰之一，传统深厚的登山和越野跑概念，在此比赛，绝对能够获得最纯粹的天空跑体验。

Lantau 2 Peaks（大屿山双峰天空赛）

●**比赛地点：**中国香港

●**举办时间：**每年10月

●**比赛里程：**全程23公里，路线海拔最高点大屿山为934米，累计海拔爬升1987米。虽然没有超高海拔和严酷爬升，但赛道整体技术难度极高，许多路段需要四肢并用的攀爬。

【ULTRA级别】

顾名思义，超过一个马拉松的距离，至少要达到50公里，而且累积爬升2500米以上。

Mont Blanc 80K

●**比赛地点：**法国霞慕尼

●**举办时间：**每年6月

- **比赛里程：** 全程80公里，路线海拔最高点2645米，在距离比赛起点33.8公里处，累计爬升超过7000米，是法国地区最具技术难度的超马比赛之一，当然也是众多高手聚集的比赛，比赛被选为Sky Running改制前的世界锦标赛，可见比赛本身是多么能代表天空跑的灵魂。

【VK级别】

所谓VK，即是垂直爬升赛，要求极短距离内极大爬升，惯例是5公里以内单纯的上坡路线，且累计爬升达到1000米。

2015年，ISF决定对现有的积分排名制度进行改革，将全世界分成5个大陆区块，要求所有Sky Runner，如果想要入选官方排名，必须在每个级别中完成至少3场比赛，并任选一个区域锦标赛（即3+1模式）。

Sky Running区域锦标赛

欧洲、亚洲、大洋洲、北美洲和非洲等五大洲皆有Sky Running的系列赛事，到2015年为止，一整年将近两百场的大小形式的越野赛，正蓬勃发展。

Sky Running爬楼世界巡回赛

世界各大城市摩天大楼都是这系列赛的潜在战场，著名赛事场地如下：

- 高度为391米的中国台北101大楼
- 高度为364米的中国香港国际金融中心
- 高度为330米的北京国贸大酒店
- 高度为320米的纽约帝国大厦
- 高度为260米的悉尼塔
- 高度为254米的上海国金中心
- 高度为225米的巴黎第一大厦
- 高度为183米的伦敦42塔